모든것을사랑하며간다

KB191885

모든 것을 사랑하며 간다

| 한중일 승려들의 임종게 |

박노자·에를링 키텔센 풀어 엮음

cum libro
책과함께

신비화를 넘어 대화의 장을 열다

박성배

_ 뉴욕주립대학교 스토니부룩캠퍼스 불교학과 교수

　노르웨이 오슬로대학교에서 한국학을 가르치는 박노자 교수가 파격적인 책을 한 권 내놓았다. 한중일 삼국의 선사들이 써놓은 수많은 임종게 가운데서 60편을 골라 해설한 책이다. 박노자는 언제 보아도 진보적이며 혁신적이다. 동양사상도 과학을 공부하는 마음으로 꿰뚫어보려고 애쓰는 사람이다. 이러한 사람이 불교계 선사禪師들이 죽음 직전에 썼다는 임종게를 과연 어떻게 읽었을까 궁금하지 않을 수 없다.

　벌써 수십 년 전, 시카고에 있는 매코믹신학대학에서 있었던 일이다. 전통적으로 이 학교에서는 어느 교수든 장로교 신자라야 기독교의 성경을 가르칠 수 있었다. 전 세계에 퍼져 있는 장로교회를 이끌고 나갈 신학생들을 교육할 때 중요한 것은

장로교의 가르침에 입각한 성경 교육이다. 그래서 성경 교육만
은 다른 교파에 속한 교수들이 가르칠 수 없도록 했던 것이다.
그런데 이 벽이 무너졌다. 감리교 신자면 어떻고 침례교 신자
면 어떠냐고 따지는 사람이 많아지자, 학교 당국이 태도를 바
꾼 것이다. 이러한 변화는 마침내 상상할 수도 없던 수많은 벽
을 계속 넘어뜨렸다. 개신교 신자가 아닌 천주교 신자도 성경
을 가르칠 수 있게 되었고, 기독교 신자가 아닌 사람이 성경을
가르칠 수도 있는 분위기가 형성되었다. 이렇게 해서 매코믹신
학대학은 혁신적인 신학 교육의 선두를 달리게 되었다. 제대로
된 '대화의 장'을 마련하는 일은 이렇게 중요하다. 의견을 달리
하는 사람들과 함께 살면서 터놓고 대화를 나누지 않으면 소통
이 잘 이루어질 수 없고, 따라서 인간관계는 좋아지지 않는다.
　이번에 펴낸 박노자 교수의 임종게 해설도, 종래의 불교계에
서 감히 뛰어넘지 못한 고질적인 벽들을 과감하게 뛰어넘는 혁
신적인 모습을 보여주고 있다. 그의 말투는 생각나는 대로 적
어 내려가는 수필식이지만, 그의 생각은 항상 도전적이다. 첫
째, 그는 임종게를 신비화하지 않는다. 그동안 불교계에서 쏟
아져 나온 무수한 오도송悟道頌이나 임종게臨終偈를 한마디로 후
려쳐버리는 도전적인 태도도 뚜렷하게 나타난다. 원래 선사들
이란 그런 일을 하는 사람들이었다. 달마達磨든 육조六祖든 임제

臨濟든 그 누구라도 명색이 선사라면 그렇지 아니한 사람이 있었던가. 둘째로 그는 죽음 자체를 신비화하지 않는다. 그러면서 거기서 생의 의미를 찾는 것이다. 우리들이 소홀히 넘겨서는 안 되는 중요한 대목이라고 말하지 않을 수 없다.

박노자는 성철 스님의 임종게(1993년)도 후려쳤다. 그의 성철 평은 "오로지를 고집하는 차원에서는, 독선과 독재적인 성격이 동시대의 박정희와 엇비슷하기도 했다"라는 해설로 시작하여, "그러나 군사 독재나 민주화 문제 등 당대의 정치적·사회적 현안들에 대해서는 끝내 함구했다"라는 말로 마무리되었다. 박노자가 성철을 어디서 보고 있는가가 여실하게 드러난다. 기광남녀欺誑男女, 미천죄업彌天罪業, 아비지옥阿鼻地獄 등의 말들이 일하는 성철의 현실과, 푸른 산에 걸려 있는 붉은 해가 일하는 자리가 서로서로 어떠한 관계인가를 박노자는 따지지 않았다. 아쉽다. 이러한 문제에 관심 있는 사람들의 동참이 아쉽다.

추천글

삶의 근본을 뒤흔드는 지혜의 경책에 대한 탐구

김환수
_ 듀크대학교 종교학과/동양학과 교수,
《Empire of the Dharma》 저자

30초간 심하게 흔들리는 비행기 안에서 순간적으로 닥쳐올 죽음에 엄습당한다고 생각해보자. 과연 무엇을 할 수 있을까? 우리 대부분은 삶의 종말을 직면한다는 사실에 대해 얼마나 무관심했는지 후회할 것이다. 아직 죽을 때가 아니라고 외칠 것이며, 이생에서 즐기지 못한 많은 것들, 관심과 사랑을 주고받지 못한 소중한 얼굴들, 몸이 무너져갈 때 느낄 고통들, 그리고 나 없이도 지속될 이 세상에 대한 허전함과 쓸쓸함과 서운함이 뇌리를 주마등처럼 스쳐 지나갈 것이다. 죽음을 현실로 받아들이도록 요구받는 이 찰나에, 우리는 가장 진실하고 진지해질 것이며, 또한 당황해할 것이다. 임종의 현실 앞에서 말이다.

그러나 비행기의 흔들림이 멈추는 순간, 영원하다고 느꼈던

30초의 정신적·육체적 공포는 한순간에 사라지고 엄중한 현실에서 멀어진 피상적인 일상으로 되돌아온다. 그러고는 죽음은 나와 전혀 관계가 없는 일인 양 미래의 삶에 대한 설계를 되풀이한다. 다시 '죽음 앞에 선 공포'가 엄습할 때까지 말이다.

박노자 교수는 이 책에서 이러한 태도를 문제시한다. 죽음이 코앞에 닥쳤을 때 우리가 마지막으로 남길 수 있는 말은 무엇일까? 그럴 수 있는 여유나 힘이 과연 우리에게 있을까? 그는 한중일 불교 수행자들이 남겨놓은 임종게를 통해 30초간 흔들리는 비행기 안에서 느끼는 긴박함을 실감케 함으로써 삶을 냉철하게 되돌아보게 한다. 즉 지금 도도하게 서 있는 나 자신과 땅 위에 축축이 젖은 흙 사이가 그리 멀지 않다는 것을……

그런 의미에서 이 책 속엔 저자 자신의 삶에 대한 총체적인 고민이 절실히 묻어나 있다. 자칫 우리와 차원이 다르게만 느껴지는 수행자들의 임종게에 저자는 비판적이면서도 인간적인 시각으로 접근한다. 또한 저자는 임종게를 자본주의 현실 사회 속에서 끊임없이 타자를 배제하는 척박한 우리의 삶을 근본부터 뒤흔드는 지혜의 경책警策으로 제시한다. 단순하게 한번 훑어보고 말 책이 아니다. 이 책은 언제든 내 손이 닿을 수 있는 곳에 놓일 것이다.

"잘 죽으시기 바랍니다!"

　지금 이 책을 보고 있는 우리는 대부분의 경우 죽음과 아주 먼 거리에 있는 것 같지만, 명明이 암暗에 의해 규정되듯이, 양陽이 음陰에 의해서 규정되듯이, 삶도 죽음에 의해서 규정된다고 말할 만하다. 동물학자들에게 물어보면, 인간은 자신이 죽을 것을 분명히 인식할 수 있는 유일한 동물이라고 한다. 다르게 이야기하면, '죽음에 대한 인식'을 빼놓고는 '인간의 세계 인식'이라는 것은 성립되지 않는다. 그리고 어른은 아이보다 죽음을 훨씬 더 잘 인식한다. 즉 '죽음 인식'은 인간으로서 성장했다는 징표이기도 하다. 죽음이라는 사실 앞에서는 그 전지전능하다 싶은 '과학'도 대체로 무력하다. 생물학은 죽음이라는 것이 신체 차원에서 무엇인지를 설명해주지만, 죽음을 앞둔 개체에게 그 개체로서의 죽음의 의미, 죽음을 전제로 하는 삶의 의미 등을 설명할 수 없다. 그러니까 죽음이 있기에 종교가 있고, 죽음이 있기에 철학이 있는 것이다. 종교나 철학은 죽음을 전제로 하는 삶에 의미를 부여하기 위해서 인류가 발명한 도구들이다.

대부분은 개인의식이 발달된 사회일수록 죽음이 은근한 공포 또는 번민의 대상이 되는 경향이 있다. 개인의식이 아직 발달되지 않은 상태에 있는 계급분화 이전 단계의 (이른바 '원시') 사회들이나 개인의식이 미미한 초기 계급사회들에서는 죽음이란 말 그대로 돌아감, 즉 '조상들이 사는 곳으로의 회귀' 같은 것일 뿐이다. '나'와 과거·현재·미래의 '우리'가 유기적으로 연결되어 있으면, 즉 이미 돌아간 조상들이 계속 어디에선가 살고 있으면서 '나'를 기다리는 것으로 사회적으로 상상된다면, 현재 '나'를 이루는 물질적 껍질의 상실이란 그다지 큰 문제가 아니다. 사람이 죽으면 그 혼백이 새가 되어 하늘로 날아가 버린다고 생각했다는 고대 한반도 주민들은, 대체로 이와 같은 의식의 전형을 보여준다. 그러나 계급사회의 발전이 심화되어 예속과 착취가 판치는 현존 사회의 비윤리성에 대한 자각이 생기면서부터, 고대 이집트 등의 초기 고대 국가에서 생존했을 때 저지른 죄에 대한 사후死後 심판이 있을 것이라는 공동체적인 상상이 뿌리내리게 된다. 사회의 여건상 죄인일 수밖에 없는 다수에게는 사후 처벌이 두려움의 대상이고, 점차 다수의 상상 속에서 '사후'는 다소 비참하고 고통스러운 것으로 여겨지기에 이른다. 고대 유대교의 저승인 '세올 שאול'이나 고대 그리스 종교의 '하데스Άϊδης의 영역'은, 대체로 음침하고 비참해 보이며 고통스럽게 느껴진다. 아무리 의인義人이라 해도, 거기서 즐거움이 없는 삶을 산다는 것은 계급사회의 조금은 비관적인 '죽음관觀'이었다. 죽음에 대한 '원시인'들의 담담한 수용과는 대조적이지 않은가? 계급분화 이전을 '황금의 세기'로 상상할 정도로 다수의 현실적인 삶이 그만큼 어려워진 부분도 있었지만, 무엇보다 개인의식의 발달이 죽음에 대한 생각의 변화를 가져온 셈이다.

괴로워진 인간에 대한 위로를 시도한 것은 기독교나 불교 같은 성숙된 계급사회의 고등 종교들이다. 기독교는 고대 그리스 종교에서 의인義人 또는 위인偉人만이 갈 수 있었던 엘리시움 λύσιον이라는 개념틀을 더 고차원적인 수준으로 개발시켜 우리가 익히 아는 '천당'의 이미지를 만들어놓았다. 도덕적이기만 하면, 유일신의 가르침에 전적으로 따르기만 하면, 내세에서는 현세보다 불행하기는커녕 더더욱 행복할 것이라는 과감한 약속을, 죽음을 두려워하는 만인에게 던져준 것이다.

불교적인 내세관에서는 '천당/지옥'(나중에는 연옥까지 가세한다)

의 이분법보다 훨씬 더 복잡다단한 논리를 발견할 수 있다. '기본 계율만 잘 지키면 누구든 더 나은 곳에서 다시 윤회할 수 있다'라는 초기의 믿음이, 3~4세기에 이르면 정토신앙에서 '아미타불의 원력에 의한 보편적인 정토왕생'으로 발전하는데, 그 골자는 유형적으로 기독교의 천당 신앙과 상통한다. 믿고, 기본적인 종교윤리만 지키면, 누구나 구원된다는 논리다. 그러나 기독교의 '천당/지옥' 이분법과 달리 불교는 적어도 윤회 시의 여섯 세계인 육도六道—지옥地獄, 아귀餓鬼, 축생畜生, 아수라阿修羅, 인간人間, 천상天上—를 인정하고, 또한 수행자들을 특별 대우한다. 수행해서 깨달으면 생사윤회를 벗어나 열반이라는, 인간의 말로 이렇다 할 묘사조차 하기 어려운 완전하고 무한한 자유의 상태를 득할 수 있다는 것이 불교적 내세관의 가장 큰 특징이다. 어떻게 보면 '천당'도 '정토왕생'도, 계급사회에서 사라진 계급분화 이전 또는 계급 형성 초기 사회의 낙관적이고 긍정적인 내세관을 새로운 수준에서 복귀시켜준다. '우리 가르침만 따르면', '구세주 예수/아미타불의 원력만 의심 없이 믿으면' 누구나 사후에 '조상들이 사는 곳으로 회귀'하듯 안락하게 존재할 수 있다는 것이 두 종교가 공통으로 하는 약속이다. 한마디로 '올바르게' 믿으면, 복종만 잘하면 안락하겠다, 이것이다.

그러나 선불교는 '복종을 전제로 하는 사후 안락'의 세계관과 본질적으로 다른 삶과 죽음의 상相을 제시한다. 도교의 영향을 강하게 받은 선불교의 세계에서 핵심어는 '자유자재', 그리고 전복顚覆이다. 선사禪師는 사후세계에 대한 그 어떤 약속도 그저 필요로 하지 않을 뿐이다. 그는 이미 삶과 죽음의 상대성에 대한 깨달음을 얻었기 때문이다. 그에게는 사후세계가 비참한가 안락한가, 있는가 없는가 하는 문제 설정 자체가 무의미하다. 깨침의 도가니에서는 '나'와 '삶', 그리고 '죽음'에 대한 모든 고정관념이 이미 녹아버렸기 때문이다. 삶은 죽음을 준비하는 과정이고, 죽음은 삶의 유기적 일부분이다. 이 둘은 존재하면서도 깨친 시각에서는 실재하지 않는다. '나'도 실재하지 않는다. '삶'도 '죽음'도 '나'도 그저 수많은 인연이 꼬이고 쌓인 뭉치일 뿐이다. 언젠가 이 뭉치는 풀리고, 인연들 또한 흩어졌다가 다시 만난다. 그리고 생멸生滅의 과정을 그 어떤 감정도 없이 지켜보면서 중생에 대한 자비심을 늘 가지고 있는 사람은, 특히 인연들이 흩어져서 죽는 순간에 해방의 맛을 본다. 언어를 이용해 설명하자면, 앞에서 선불교적 '죽음' 의식의 윤곽을 그려놓았지만, '깨침'이라는 것은 이런 논리적인 이해에 그치지 않고 매우 강력한 감성 요소를 내포한다. '나'와 '만물'을 상대화시키는 데 성공한 그 순간에는 묘사하기 어려운 희열이 쏟아져 나온다. 그 희열로 선사들이 오도송悟道頌(깨침의 시)을 쓰고, 또 죽는 순간에 이해되는 '나'와 '세계'의 진상眞相에 대해서 마지막으로 임종게臨終偈(죽음의 시)를 쓴다. 이 책은 바로 임종게들에 대해서 나('불교학도')와 노르웨이 시인 에를링 키텔센Erling Kittelsen('시인')이 주고받은 문답, 그리고 내가 임종게를 읽으면서 느낀 감상을 중심으로 묶은 것이다.

세계에 대한 고정관념의 전복, '나'와 '세계'의 상대화를 통한 죽음에 대한 공포로부터의 해방……, 이는 꼭 선불교만의 전유물이 아니다. 사실 선불교가 전복적 성격이 강한 만큼 그 선불교를 굳이 물신화시켜 '세계 종교 발달의 최상'이라고 할 것도 없다. 같은 방향으로 갔던 신비주의적인 경향들을 다른 고등 종교에서도 아주 쉽게 발견할 수 있다. 잘랄 앗 딘 알 루미Jalāl ud-dīn Muhammad Rūmī(1207~1273) 같은 중세 이슬람 세계의 신비주의자(수피파)에게도 '신과의 합일(타워히드)'은 선불교 세계의 '깨침'과 같은 역할을 했으며, 물질과 의식의 세계는 신의 빛이 만들어낸 그림자처럼 상대적이었다. 이슬람 신비주의자들은 죽음에 대한 도도한 태도로 유명했으며, 루미 같은 경우에는 일종의 '임종게'라고 할 수 있는 최후의 시를 쓰기도 했다.

내가 동반자로 삼고 있는 임금이 누구인지 당신이 어찌 아는가?
나의 황금 얼굴을 응시하지 마라, 나는 철각鐵脚을 달고 간다.

꼭 신비주의자들만이 삶과 죽음에 초탈한 것도 아니었다. 인류의 해방을 도모하려 했던 근현대의 혁명가들도 죽음에 대한 공포로부터 자기 자신을 매우 성공적으로 해방시키곤 했다. 상당수가 무신론자인 그들은 '열반'이나 '영원한 빛(수피파의 표현법)'을 갈구하는 일 없이 어차피 개체로서는 유한할 수밖에 없는 개인으로서 혁명을 통해 전체의 진화에 기여하면 일단 자연이 그에게 부여한 역할을 다했다고 생각하고, 생물학적으로 피할 수 없는 죽음이라는 과정에 대한 공포를 인간 존엄성의 포기라고 보곤 했다. 그리고 감성적인 차원에서는 선사들이 깨침의 순간에 '생사를 벗어났다'고 희열을 느낀 반면, 혁명가들은 그저 발가벗겨진 민중의 고통을 목숨을 던져서라도 덜고자 하는 이타적인 동기를 강하게 지니고 있었다. 어떻게 보면 선불교에서 다소 소홀히 다루어지는 자비심이라는 원시불교적인 덕목을, 혁명가들이 더 많이 지니고 있었다고 볼 수도 있다.

죽음을 친숙하게 대하는 혁명가의 사례라면 폴 라파르그Paul Lafargue(1842~1911)가 대표적일 것이다. 마르크스의 사위이며 프랑스 국회 최초의 사회주의자 의원이었던 그는, 70세가 넘어가면 더 이상 투쟁하면서 무산계급을 비롯한 인류를 이롭게 할 힘이 없을 것이라고 판단하고 부인과 함께 음독자살을 했다. 특별히 좌절당했거나 인생을 비관한 것도 아니었는데, 그저 죽음을 두려워하지 않고 겁 없이 택했던 것이다. 그가 선택한 방법, 즉 자살이 과연 자신의 신체에 대한 폭력인가, 아니면 죽음을 두려워하는 우리 인간의 생물학적 심리에 대한 사랑과 이성의 승리인가? 잘라서 말하기는 쉽지 않지만, 라파르그의 경우에는 인류를 새롭게 다시 탄생시킬 운동에 대한 애착, 인류 사랑이 죽음에 대한 공포를 이겼다고 보는 편이 타당할 듯하다.

또 작중 인물이긴 하지만, 에델 릴리언 보이니치Ethel Lilian Voynich(1864~1960)의 명작 《등에》(1897)의 주인공 아서 버튼Arthur Burton/펠리체 리바레스Felice Rivarez(즉 '등에')도 삶이 극적이었던 만큼 죽음도 비범했다. 그는 젊었을 때 기독교적인 신앙과 공화주의에 대한 열정으로 처음 혁명운동에 입문했다가 나중에 철저한 무신론자가 된 인물이다. 배고픈 아이들을 보기만 하면 늘 먹여주고 위로해주곤 했던 양심의 화신 '등에'는, 총살형을 맞이했을 때도 자신을 사살해야 하는 군인들을 직접 지휘하고 격려하는 등 죽음에 대한 공포가 전혀 보이지 않는 정신 상태를 과시했다. 인간으로서 도저히 도달하기 힘든 경지라는 느낌도 들지만, 한편으로는 종국에 형장이 기다리고 그 도중에 때로는 불가피하게 피를 흘려야 하는 혁명운동에 투신한다는 것 자체가 이미 동료 인간들을 위해서 '나'의 삶을 포기한다는 것을 의미하지 않는가? 말하자면 이미 죽었다고 생각하면서 사는 것이고, 그런 '정신적 죽음'의 상태에서는 신체적 죽음이 대수롭지 않게 보일 수도 있다. '등에'의 형상화는 저자가 관찰해온 폴란드, 러시아, 이탈리아 혁명가들에 대한 인상을 기반으로 이루어졌는데, 그런 의미에서 작중 인물인 '등에'는 19세기 말 동유럽이나 남유럽 등 유럽 주변부 혁명운동의 에토스를 대변한다고 볼 수 있다.

피상적으로 보면 선사들과 혁명가들의 활동 분야가 달라서 같이 놓고 보기는 어렵다고 할 수도 있다. 전자는 종교인이고, 후자는 정치·사회 활동가다. 하지만 더 깊이 파고들어 보면 이 이분법은 그저 겉으로 드러나 보이는 현상일 뿐이라는 점을 쉽게 알 수 있다. 종교인이었다지만 선사들은 대부분의 경우에 국가 원수나 고관현작高官顯爵들과 유착 관계를 이루었으며, 사회적·정치적 언어로 말해야 할 때는 거침없이 유교적인 '충군애국忠君愛國'의 수사를 구사했다. 대표적으로 이 책에 실린 임종게 가운데 한 편을 쓴 대혜 종고大慧宗杲(1089~1163) 같은 경우, 당시의 재상이었던 장준張浚(1097~1164)의 스승이자 송나라가 끝까지 금나라에 대항해야 한다는 주전파의 핵심 인물 중한 명이었다. 장준의 요청으로 그는 한때 오늘날 저장 성浙江省에 있는 그 유명한 경산사徑山寺의 주지 소임을 맡기도 했다. 선불교의 대승고덕들 중에도 '정치적인 인물'이 많았지만, 그들은 '등에'와는 대조적으로 기득권층과 유착된 보수적 정치인일 뿐이었다. 어떤 면으로는 전통적인 신앙을 대체한 혁명가들의 해방에 대한 열정이 어쩌면 종교적인 '믿음'과 같은 수준이기도 했다. 그렇기에 이 두 부류의 죽음에 대한 태도를 비교하더라도 큰 문제가 없으리라고 본다. 물론 차이는 대단히 많다. 선사들이 '고귀한 도도함'을 추구하면서 죽는 순간에 미소를 짓는 냉정함을 보이려고 했던 반면, 혁명가들은 그 순간에도 현실에 대한 애증의 감정을 여과 없이 드러내는 것을 주저하지 않았다. 자살 직전에 쓴 친필 유서에서 "공산주의 만세!"를 외친 라파르그나 총살당하는 순간에 "지금은 여러분이 총을 쏘지만, 때가 되면 우리가 대포를 쏘겠다"고 유쾌하게 호언장담한 '등에'에게 '고귀한 내면의 고요함'은 부족해도, 그들의 열정은 매우 솔직한 것이었다. 반대로 선사들의 '고귀한 도도함'은 조금은 의례화된 느낌, '살아 있는 삶'이라기보다 일종의 '퍼포먼스' 같은 느낌을 다분히 풍긴다. 목욕재계, 정좌, 제자들에게 하는 마지막 훈화……. 임종게는 '시'라고 하지만 다음에서 설명하는 것처럼 상당수의 표현이 사실 상투화되어 있기도 하다.

하지만 '평민적 열정'과 '귀족적 냉정'이라는 차이에도 불구하고, 혁명가들의 죽음과 선사들의 죽음의 큰 공통점은 둘 다 어느 정도 교훈적이라는 데 있다. 혁명가들의 열정적이고 장렬한 죽음은 살아 있는 동지와 후배들에게 영감을 주는 것을 분명한 목적으로 삼았다. 마찬가지로 임종게를 포함한 선사들의 '임종의례' 역시 제자와 후계자들에게 깨침에 이르는 길을 보여주어야 했다. 일반인에게 공포의 대상인 죽음이 혁명가나 선사들에게는 '배움을 전하는 기회'로 이용되는 셈인데, 이 정도라면 인류의 꿈 중 하나인 '죽음의 정신적 극복'에 가깝지 않은가 싶다.

어떤 임종게들은 꾸밈없이 아예 훈화적이다. '고통 오지 않는 곳'(진각 혜심), '고향으로 돌아가는 길'(원감 충지), '한 생각으로 만물의 본질과 겉모양을 이해한다'(무문 원선), 또는 '태어남은 본래 태어남이 아니니'(오석 세우) 같은 표현들은 '시'라기보다는 설법집에 나올 법한 구절이다. 이런 의미에서 임종게는 '최후의 설법'이기도 하다. 한데 임종게를 '문학작품'으로 만드는 것은, 훈계투의 문장들보다는 고정관념들을 깨뜨려 '깨침'을 더 빨리 오게끔 하는 그 전복성顚覆性이다. 깨침이라는 것이 '나'와 '세계'에 대한 모든 망상적 '통념'을 훨훨 벗어버리는 게 아닌가? 이런 의미에서 임종게는 제자들을 향해 '나 자신도 만물도 다 상상된 조합일 뿐이다! 그걸 깨치고 나아가라, 꼭!'과 같은 스승의 마지막 사자후獅子吼이기도 하다. 그래서 이 책에 실린 임종게들은 현실을 뒤집는 각종 표현으로 점철되어 있다.

"나무 사람 고개에서 옥피리 부니, 돌여자가 시냇가서 춤을

추노라."(향곡 혜림) ─ 무기물인 나무나 돌이 인간이 되어 즐거워
한다는 것은, 생사를 초탈한 사람이 죽는 순간에 느끼는 절제
된 환희심의 표현이다. 깨침과 사랑이 무기물과 유기물의 경계
도 무너뜨릴 수 있다는 상징적인 이야기다.

"나이 마흔여덟에, 성인도 범인도 모조리 죽였네. 영웅이라
서 아니고."(도솔 종열) ─ 선불교 지도자들은 아주 보수적이며 기
득권에 영합했지만, 그들의 언어는 혁명가 이상으로 과격했다.
'죽였다'는 것은 물론 초극했다는 뜻이다. 성인도 범인도, 즉 종
교의 논리도 일반의 '통념'도 다 넘어섰다는 것은 그 어떤 고정된
사고의 유형도 불필요한 궁극적 자유의 영역에 왔다는 뜻이다.

"이제는 모든 걸 떨쳐버려 삼천대천의 우주를 깨부수네. 어
허, 이제 온몸으로 구할 것 없으니 산 채 황천에 가리라."(도원)
─ 인간은 집단을 벗어나서는 거의 생존할 수 없는 '무리 동물'
인데, 무리의 모든 '상식'을 다 깨부수면 인간으로서는 정말 우
주를 거의 깨부수는 것과 같다. 그 정도 이루면, 그 환희심으로
황천에 산 채로 갈 만큼의 무한한 자신감이 생긴다.

대체로 임종게는 이렇다. 도발적이며 자극적이고 '섹시하다'
고 말할 정도로 전복적이다. 그리고 임종게는 퍽이나 겸손하다.
생의 한계를 훨훨 벗어날 선사들은 자신들의 한계에 대한 하심
下心, 즉 오만을 없애고 마음을 비운 채 부족함을 인정하는 태도

를 보인다. 삶과 죽음의 순환 속에서 한 개체의 자리가 얼마나 미미한지를 보여주는 것이다.

"강법에 잘못과 실수가 많아, 서쪽을 가리키는데 도리어 동쪽으로 향한다."(호암 체정)—과연 만물이 존재하면서도 실은 실재한다고 할 수 없는, 연기법緣起法으로 매 순간 뭉쳤다가 흩어지는 각종 요소의 임시 조합이라는 진리를 말로 다 전할 수 있는가? 듣는 사람이 이 진리를 심증心證으로 얻지 못한다면 불가능할 것이다. 만고의 강백講伯이라 해도 '완벽한 설법'이라는 게 얼마나 어려운 일인지 이해할 수 있을 텐데……. 평생 설법으로 살아온 사람일수록 자신의 '말'에 더욱 겸손해야 할 것이다.

"아무것도 해놓은 것 없거니, 임종게를 남길 이유가 없네."(원오 극근)—《벽암록碧巖錄》이라는 대단한 저서를 편찬한 대혜 종고의 스승, 한 시대를 풍미한 고승대덕은 한평생 해놓은 것이 전혀 없지 않았다. 한데 유기물이 어느 순간 무기물로 변해버리는 이 자연의 섭리 앞에서는 한 개체의 가장 위대한 깨달음, 가장 눈부신 업적도 그저 한 줌의 재일 뿐이다. 뛰어난 선승일수록 개체성의 한계를 더욱더 절실히 느끼고, 자신을 더욱 낮춘다.

"육십삼 년 동안 한마디 설법도 안 했었네."(경당 각원)—일본에 건너가서 활동하다가 입적한 이 스님의 제자와 그 후계자들이 나중에 '경당파'라는 계파 하나를 이루었을 정도로, 스님은 '불법을 갖고 인간들'과 말을 꽤 많이 했다. 문제는 '말'이라는 구멍이 난 그릇에 '불법'이라는 물을 담기가 어렵다는 점이다. 물은 거기다 붓자마자 새버리고 만다. 만물이 "인연이 모여 왔다가 인연이 다 돼서 가네."(열당 조은)라는 것을 남의 말이 아닌 자신의 마음으로, 자율적으로 이해해야 한다.

영원永遠을 향하는 사람은 일부러 얌전한 척할 일도 없고, 남에게 보란 듯이 자신의 겸손을 과시할 일도 없다. 선사들의 이런 태도는 근본적으로 역시 교육적이다. 전체 속으로의 귀환을 앞둔 개체의 겸손함을 제자들에게 보임으로써 그들에게 전체와 개체의 올바른 관계를 설정해준다. 죽음을 앞둔 사랑의 교훈 이상의 교훈이라는 것이 있겠는가? 죽음 앞에서는 가짜도 없고 껍데기도 없다. 평생 거짓말을 했어도 죽는 순간에는 더 이상 거짓말을 하지 않는 것이 일반적이다. 그렇기에 죽음을 앞둔 순간에 제자들 앞에서 '나'의 하심을 보이고, 나아가 "다리가 문지방 넘기 전에 이미 고향이고, 옛 정원의 복숭아, 오얏 꽃이 이미 피었네."(경성 일선)라고 읊으면, 제자들에게 '사후'가 바로 우리가 오래전에 떠나온 고향이라는 믿음을 심어줄 것이다. 죽는 사람의 증언이 어찌 틀리겠는가? 이렇게 해서 죽음을 앞둔 마지막 순간에는 한 사람이 다른 사람들에게 영원, 공空을 직시할 용기를 줄 수 있다. 인생의 마지막 순간까지 타자들을 위해서 뭔가를 한다는 것, 인간으로서 이보다 더한 이상이 있겠는가?

나는 자본주의 후기 시대의 사회주의자로서 전근대 국가에 잘 편입되어 권력층과 유착한 유명 선사들을 미화할 생각은 전혀 없다. 하지만 그들의 타자 지향성은 높이 평가하지 않을 수 없다.

우리의 물질세계에서는 완전한 자유라는 게 그 본질상 불가능하다. 아무리 정치적·사회적·경제적 자유가 다 주어져도 집단과 어울리지 않는 이상 인간으로서 생존이 불가능한 한계를 지니고 있으며, 생로병사生老病死의 고통 등으로부터 벗어난 자유란 개체에게 있을 수 없다. 불완전한 개체인 이상 그 자유도 매우 불완전하다. 그러나 죽음이란 비록 생로병사의 고통 가운데 하나지만, 늘 안전한 보호라든가 음식 등을 요구하는 우리 신체가 드디어 가고 마는 순간이어서 조금이나마 자유의 냄새를 맛볼 수 있다. 죽음에 대해 긍정적으로 이해하려면, 아마도 바로 이 측면부터 시작해야 할 것이다. 그래서 일생 피할 수 없었던, 또는 강요된 집단 생활로부터 드디어 벗어날 수 있는 이 순간까지도 남들을 생각해주고, 죽어가는 몸을 통해 그들에게 궁극적 진리를 가르치려 한다면, 이는 바로 자비심이다. 마음속에 담겨 있는 타자 지향성, 타자들을 무조건 배려하고 싶은 피할 수 없는 마음이다. 이 세계에 진정한 의미의 진보가 있으려면, 개개인의 자비심에 의존하지 않을 수 없다. 혁명가의 초발심初發心이 타자들의 고통을 의식하는 것에서 시작되는 점을 염두에 두면, 혁명 또는 사회주의 사상의 심성적 출발점도 결국 자비심이다. 만일 죽음의 순간이 자비심을 발휘할 기회가 된다면, 이는 죽는 사람의 인생 전체에 어떤 큰 의미를 부여하는 것이 아닌가? 참, 우리는 서로에게 인사할 때 으레 "건강하시기 바랍니다"라고 하지만, "잘 죽으시기 바랍니다"가 훨씬 더 나은 인사로 보인다. 사람들이 죽음에 대한 공포를 극복하지 못해 이런 인사를 하지 못하는 것일 뿐이다.

이 책은 두 사람이 같이 묶었다. 나는 임종게의 국역 및 해설 작업을 담당했고, 임종게들을 놓고 나와 문답을 벌인 사람은 노르웨이 시인 에를링 키텔센이다. 나는 2006년에 그와 함께 노르웨이어로 번역된 임종게들의 선집을 낸 바 있다(《Diamantfjellene》, Oslo: Aschehoug). 이 책에서 임종게의 배열 순서는 그 노르웨이어 책을 그대로 따랐다. 그때부터 동아시아 선시禪詩에 대한 애착은 나와 그를 연결하는 끈이 되었다. 나는 동아시아학을 전공한 관계로 임종게들을 불교 전통 속에서 또는 오늘날 한국의 현실적인 맥락에서 해석하려 했지만, 에를링 키텔센은 스

칸디나비아 신화 등 자국 문화를 이용해서 임종게들을 뒤집어
본다. 어떤 사람은 불교 시구를 이렇게 완전히 이질적인 맥락
에서 풀이해도 되냐고 묻겠지만, 나는 충분히 가능하다고 본
다. 협의의 불교, 즉 역사적인 불교는 인도에서 발생해 중국을
거쳐 한반도에 전해 내려온 하나의 특정 종교지만, 광의의 불
교는 변화무쌍한 세상의 고통 속에서 이고득락離苦得樂해 인간
이 남들에게 자비를 베풀어야 하는 그 체질적인 무의식에 어떤
이론적 근거를 대려는 인간의 본원적인 마음이다. 이처럼 넓
은 의미에서는 아시시의 성 프란치스코San Francesco d'Assisi
(1182~1226)도 '마음의 불자'일 것이며, 그가 부처님의 이름을
듣지 못했다는 것은 아무런 문제도 되지 않을 것이다. 그렇기
에 나는 교리적 불교가 아닌 다른 시각으로 임종게를 보는 에
를링 키텔센과의 문답 형식을 기꺼이 선택했다. 그 자체도 제
자들과의 대화 중 일부분인 임종게들을 마땅히 독백이 아닌 대
화로 풀어야 하지 않겠는가?

　이 책을 묶을 때 수많은 기존의 선불교 연구 및 선시禪詩 연
구, 번역서 들이 도움이 되었다. 큰 도움을 받은 책을 열거하자
면, 김원환의 《열반의 노래》(한아름, 1995)와 석지현의 《선시》
(민족사, 1999), 그리고 요엘 호프만Yoel Hoffmann의 《Japanese
Death Poems: Written by Zen Monks and Haiku Poets on

the Verge of Death》(Charles E. Tuttle Co., 1986) 등이다. 그 저자들께 진심으로 감사를 드리고 싶다. 그리고 무엇보다 시의 원문과 그 국역을 매우 치밀하게 교열, 수정해주시고 그 출처까지도 명기해주시는 등 한학의 문외한인 나에게 결정적인 도움을 주신 불교 서지학자 이철교 선생님께 진심으로 심심한 감사의 뜻을 표한다. 아울러 임종게 저자 소개 글을 작성하는 데 많은 도움을 주고, 매우 엉성한 텍스트를 더 나은 한국말로 수정하는 일에 적극적으로 애써주신 책과함께 출판사 편집자 여러분께 감사를 드린다. 이 책이 나올 수 있는 데는 이들의 도움이 결정적이었다.

오슬로, 2013년 6월 10일
박노자

차례

1

鐵樹開華
雄鷄生卵
七十二年
搖籃繩斷

...

무쇠나무 꽃이 피고
수탉이 알을 낳는다.
일흔두 살이 되어서
처음 요람 줄 끊는다.

繩 줄 승

요람줄을 끊다

혹암 사체(或庵師體)

'무쇠나무'는 무엇인가? '있을 수 없는 일'에 대한 전통적인 비유지만, 나에게는 '아집에 둘러싸인 인간', '아집 때문에 진리를 볼 줄 모르는 인간'으로 여겨지기도 한다. 꽃이 피는 나무처럼 인간도 어느 정도의 정신 수준에 도달해 깨달음의 꽃을 피워야 하는데, 오늘날 대부분의 인간은 이 차원에서 '무쇠나무'와 다를 게 없다. 그런데 '무쇠나무에 꽃이 핀다'는 것은 깨달음과 거리가 멀던 인간이 드디어 뭔가를 깨쳤다는 의미다. 죽기 직전에라도……

'알을 낳은 수탉'도 마찬가지다. 원래 수놈은 암놈에 미치지 못하는 열등한 존재다. 암놈은 삶을 주도적으로 만드는 존재고, 수놈은 (많은 경우에) 삶을 파괴하는 존재다. "수탉이 알을 낳는다"면 수행자가 남성으로서의 한계를 극복하고 '삶의 창조'에 가까워졌다는 이야기인데, 역시 죽는 순간쯤에나 가능한 일이겠다. "요람 줄 끊는다"에서 요람 줄이라는 것은 '생' 자체의 한계이기도 하지만, 태어나는 순간에 우리에게 씌워지는 한계이기도 하다. 남성으로 태어난다, 유산층으로 태어난다, 유식층에서 태어난다, 어느 나라 어느 종족의 일원으로 태어난다, 교수질 하면서 산다 등 우리의 모든 '태생적' 한계, '나'를 구성하는 모든 외부적인 '정체성'의 요소는 죽음의 순간 한 방에 날아간다. 해 방이다! 기쁨이다! 그러나 그러한 해방을 맞이하자면 역시 죽기 직전에 이 한계에 대해서 '한계'라는 정확한 의식을 가져야 할 것이다.

불교학도 | 요람 줄이란 도대체 무엇인가? 어떻게 끊을 수 있는가?

시인 | 일반적인 출산의 경우로 설명해보자. 세상이 거꾸로 되는 순간, 우리는 붙잡고 있던 것을 놓는다. 북유럽에는 13세기경에 편찬된 《에다Edda》*라는 신화와 영웅시를 집대성한 작품이 있다. 그 속에 등장하는 신과 영웅 들도 그러한 종류의 도전을 받는다. 그 순간 세계가 돌연 완전히 달라 보이는 것으로 묘사된다. 신들이 세상을 창조하는 것에 대해 신이 아닌 다른 존재 들도 그 순간에 목소리를 내려고 한다. 그게 바로 요람의 줄을

---

* 옛 아이슬란드어, 즉 바이킹 시대 스칸디나비아의 언어로 쓰인 고대 북유럽의 신화와 영웅 전설을 모아놓은 책. 운문 형식의 《구(舊)에다》와 12세기 아이슬란드의 시인이며 역사가였던 스노리 스툴루손(Snorry Sturlusson)이 산문으로 지은 작시(作詩) 입문서인 《신(新)에다》의 두 종류가 있다.

끊는 일이다.

불교학도 | 나로 하여금 이 요람의 줄을 끊게 하는 '힘'들, '존재'들
은 있는가?

시인 | 힘겨루기를 통해서는 요람의 줄을 쉽게 끊을 수 없다. 그
러나 진정성으로 돌연 공격해오는 어떤 존재에 대해서는 쉽게
모든 걸 포기하기도 한다. 진정성은 중생의 최강의 무기다.

> '무쇠나무에 꽃이 핀다'는 것은
> 깨달음과 거리가 멀던 인간이
> 드디어 뭔가를 깨쳤다는 의미다.
> 죽기 직전에라도……

혹암 사체 | 或庵師體, 1108~1179 | 중국(남송南宋). 지금의 저장 성(浙江省) 타
이저우(台州) 황옌(黃巖) 출신. 임제종 승려. 임제종의 여러 계파 중 양기파(楊岐派)
에 속했다. 원오 극근(圜悟克勤, 1063~1135)의 법손(法孫)이며, 차암 경원(此庵景元,
1092~1146)의 제자다. 거침없는 쾌활한 성격으로 유명했다.

2

衆苦不到處
別有一乾坤
旦問是何處
大寂涅槃門

...

고통 오지 않는 곳
따로 있는 그 세상
어떤 곳인가 물으면
커다란 고요함, 열반의 문이라 답하겠노라.

커다란 고요함, 열반의 문

진각 혜심(眞覺慧諶)

혜심 스님, 이 사람은 원래 유자儒者다. 사마시司馬試에 합격해 태학에 들어가려다 어머니가 돌아가시는 바람에 세상의 변화 무쌍함을 절감切感하고 세속을 버린 채 지눌知訥 스님의 납자衲子*가 되었다. 그 유명한 지눌 스님이야 성격이 온화하고 모나지 않지만, 혜심은 유학을 깊이 공부한 이답게 원칙주의자였다. 한데서 참선을 하는데 눈이 이마까지 덮을 정도로 많이 와도 전혀 흔들리지 않고 참선을 계속했다는 이야기가 단순히 전설인지 사실인지 모르겠지만, 어쨌든 대중에게 그러한 모습을 많이 보였던 모양이다.

참선에서의 인내력 못지않게 늘 신심을 강조했던 혜심 스님, 그가 죽기 직전에 쓴 시에도 그러한 모습을 담았다. 고생이 없는 열반의 '커다란 고요함大寂', 평생 열정적으로 살았던 그에게는 무덤이 휴게소였나 보다. 무덤을 두려워하기는커녕 반기는 모습은 우리 모두에게 좋은 본보기다.

---

* 낡은 헝겊을 모아 기워 만든 승려의 옷인 '납의'를 입은 사람이라는 뜻으로, 승려가 자신을 낮추어 이르는 말.

불교학도 : 고통이 없는 곳이 과연 따로 있는가? 우리의 믿음, 의심으로부터의 자유는 진정 이 세상에서도 우리 마음속에 고통을 치료하고 고통의 자리를 대신 점할 수 있는가?

시인 : '믿음' 자체만 강해서는 안 된다. 사람은 자신과 그 믿음을 알맞은 '자리'에 배치할 줄 알아야 한다. 하늘과 땅 사이에, 아니면 하늘과 땅이 만나는 신당神堂 같은 곳에. 자신이 마땅히 갈 길을 알아야 결국 고통이 없는 곳으로 갈 수 있다.

불교학도 : '고통'이란 다른 말로는 무엇인가?

시인 : 노르웨이어에서 '고통lidelse'이란 명사는 '뭔가가 그 결말을 향해서 간다å li', '어떤 시간을 지낸다'는 의미의 동사에서 발생했다. 같은 동사에서 '욕망lidenskap'이라는 단어도 나왔는데, '욕망'이란 것도 결국 결말을 향한 질주라는 뜻이다. 비유하자면, 마찬가지로 태양도 산에 기울어 일몰을 향해서 간다는 것이다. 결말을 향해서 가는 삶 자체는 고통이다. 그러나 마침내 열반의 문을 향할 줄 안다면, 열반의 문에서 우리는 고통이 없는 죽음을 맞이할 수 있다.

태양도 산에 기울어
일몰을 향해서 간다.
결말을 향해서 가는 삶 자체는
고통이다.

진각 혜심 | 眞覺慧諶, 1178~1234 | 한국(고려). 자는 영을(永乙), 자호는 무의자(無衣子). 나주 화순현 출신. 유학(儒學) 공부를 시작해 태학에서도 수업했지만, 어머니의 병이 계기가 되어 발심한 뒤 지눌(知訥, 1158~1210) 국사를 찾아가 제자가 되었다. 열성적인 용맹정진으로 스승의 인정을 받았으며, 지눌이 입적한 뒤 현재 송광사가 있는 조계산에서 그 전신인 수선사(修禪社)를 이끌었다. 1212년 이후로는 강종(재위 1211~1213)의 외호(外護)를 받는 등 당대 권력자들과의 '관계 만들기'에 나서기도 했다.

3

閱過行年六十八
及到今朝萬事畢
故鄕歸路坦然平
路頭分明未曾失
手中纔有一枝筇
且喜途中脚不倦

…

세상살이 내 나이 68세네.
오늘 아침에 모든 일 다 끝냈네.
고향으로 돌아가는 길 평탄하니
가는 길 분명해 실수 범할 것 없네.
빈손, 수중에 겨우 지팡이 하나
도중 다리 안 아프니 또한 기쁘네.

纔 겨우 재 | 筇 지팡이 공

수중에 겨우 지팡이 하나

원감 충지(圓鑑冲止)

원감 국사, 그는 이 세상에서 참 바쁘게 살았다. 승려가 되기 전 원나라 침략 시기에는 관료의 몸으로 일본에 사신으로 가서 국운이 걸린 외교상의 침략 대책을 논했고, 승려가 된 뒤에도 자의반 타의반으로 하기 싫은 김해의 감로사 주지까지 맡았으니……. 세상일에 옭매인 팔자는 승려가 되어서도 바뀌지 않았다. 또 원나라에 가서 '고려의 승려'들을 대표해 쿠빌라이(세조) 황제에게 가르침을 베풀었고, 몽골 군주를 찬양하는 시도 써야 했다. 그건 나라와 임금의 은혜에 보답하려는 국승國僧, 지체 높은 '나라의 승려'가 싫은 좋든 해야 할 일이었다.

이처럼 나라를 위해서도 그러했지만, 죽는 순간까지 제자들에게도 시달렸다. 임종게를 읊자마자 제자 하나가 "스승님, 평탄한 길이 어디에 있습니까?"라고 묻지 않았던가? 국사는 "알면 그 길을 얻는다"고 답하고는 그 길로 떠나고 말았는데, 참 딱하다. 그 '길'이란 죽음을 두려워하지도 기뻐하지도 않는, 이미 가라앉은 마음속에 있지 않은가? 죽으면 내 가라앉은 마음의 상태대로 적어도 이 세상처럼 나쁜 세상에 다시 태어나지 않기를, 어쩌면 아예 태어나고 죽는 일이 영원히 그치기를 염원하는 마음이야말로 바로 이 시에서 이야기하는 '지팡이'다. 열반을 향한 마음을 지팡이 삼아 마지막 길을 떠나는 것이다. 빈손으로 오고 가는 우리에게 그 마음 이상으로 무슨 경전이 있고, 무슨 공부가 있겠는가?

불교학도 ι 원감 국사는 고향으로 가는 길에 끝내 오르셨지만, 일단 그 순간이 오기 전부터 세상만사를 다 고향으로 본다면 그래도 고통을 좀 면할 수 있지 않을까?

시인 ι 이미 고향 가는 길에 서 있다면 그 아픔을 좀 줄일 수도 있다. 세상을 시끄럽게 그냥 놓아두고 자신의 아픔을 돌볼 수 있을 것이다. 원감 국사야말로 부담이 많았기에 더욱더 그렇다. 이제 부담을 덜었으니 남은 것이 무엇인가?

불교학도 ι 고향으로 가는 주체는 과연 누구인가? 고향으로 간다는 그는, 육체적인 '나'를 어떻게 보는가?

시인 ι 68세에 이르러 그 여정의 새 단계에 진입하려는 원감 국사는, 눈을 내면으로 돌려 외부에 의한 방해를 최소화하려고 했다. 그는 자신의 실력이 어느 정도인지 분명히 알았던 것 같다. 그가 '죽음을 이겼다'고 주장할 필요를 못 느꼈기에, 결국 죽음에 승리를 거둔 것이다.

열반을 향한 마음을 지팡이 삼아
마지막 길을 떠난다.
그 마음 밖에
무슨 경전이 있고, 무슨 공부가 있겠는가?

원감 충지 | 圓鑑沖止, 1226~1292 | 한국(고려). 속명은 위원개(魏元凱). 본래의 법명은 법환(法桓), 뒷날의 법명은 충지. 자호는 복암(宓庵). 전라남도 장흥 출신. 관료 가정에서 태어나 출가하기 전에는 관직에 몸을 담았다. 29세에 선원사(禪源社)의 원오(圓悟) 국사 문하에 들어가 승려가 되었고, 1286년에 원오 국사의 추천과 충렬왕(재위 1274~1308)의 허락으로 수선사(修禪社)의 6세가 되어 지눌과 혜심의 법통을 이었다. 문장에 조예가 깊어 유신(儒臣)들의 존경을 받았으며, 원나라와의 외교 현장에 동원되기도 했다. 선불교와 유교의 상호 수용을 주장하는 등, 국가 활동에 그다지 위화감을 느끼지 않은 것으로 보인다. 입적한 뒤 충렬왕이 원감(圓鑑) 국사라는 시호와 함께 보명(寶明)이라는 탑호(塔號)를 내렸다.

4

平生顚倒
今日卽當
末後一句
雪上加霜

...
평생 거꾸로 돼 있다가,
이제서야 바로 섰다.
마지막 한 편의 시는
설상가상, 고통을 더 준다.

이제서야 바로 섰다

무문 원선(無文元選)

권력을 잃은 고다이고後醍醐 천황의 수많은 아이 가운데 하나로 태어난 무문 원선 스님은 정치를 피하려고 많은 노력을 기울였다. 하지만 정치가 그를 피하지 않았다. 그는 결국 정치뿐만 아니라 임종게 등 종교에 관한 텍스트 같은 그 어떤 권위적인 문헌을 만들거나 권위에 호소하는 모든 행위가 다 덧없는 것인 줄 알았다. 눈에다 서리를 얹는 것처럼.

불교학도 | 임종게를 쓰는 대신에 다른 방법으로 제자들에게 인생의 고통을 끝낼 수 있다는 것을 표현할 수 없을까? 더 힘 있고 진지하게…….

시인 | 마지막 날도 다른 날과 마찬가지로 인간의 정신이 만들 수 있는 모든 기적에 열려 있다. 부자들은 더 많이 가지려 하나 그럴 수 없다고 항상 불평한다. 그러나 바랄 게 별로 없는 사람들은 낭떠러지를 향해서도 흔쾌히 한 걸음씩 나아간다. 끊임없이 굴러가는 운명의 바퀴와 함께 훨씬 더 쉽게 나아가는 것이다.

불교학도 | '날마다 좋은 날日日是好日', 이는 정진을 많이 한 사람이 자주 쓰는 말이다. 그런데 정말 크게 깨닫고大悟 나서도 이 말을 계속하는가?

시인 | 크게 깨닫고 나서는 깨달은 사람 자신에게 말은 필요 없다. 그러나 그가 느낀 바를 인간의 말로 굳이 표현하자면, 이 말 이상으로 간단한 표현이 있을까?

마지막 날도 다른 날과 마찬가지로
인간의 정신이 만들 수 있는
모든 기적에 열려 있다.
날마다 좋은 날!

무문 원선 | 無文元選, 무몬 겐센, 1323~1390 | 일본(남북조 시대). 고다이고(재위 1319~1339) 천황의 아들이며, 아버지가 서거한 뒤에 출가해서 임제종의 승려가 되었다. 설촌 우매(雪村友梅, 셋손 우바이, 1290~1346) 등을 스승으로 섬겨 교토의 겐닌지(建仁 寺)에서 수행했으며, 1343년 원나라에 건너가 고매 정우(古梅正友, 1285~1352) 밑에서 공부해 인가를 받았다. 1350년 일본으로 돌아온 뒤 시즈오카의 호코지(方廣寺)에 주석 하며 임제종의 종지(宗旨)를 폈다.

5

生如出岫雲
死是行空月
一念認性相
萬劫繫驢橛

...

삶은 산속에서 날아온 구름 같고
죽음은 빈 하늘로 가는 달이다.
한 생각으로 만물의 본질과 겉모양을 이해한다.
만겁의 시간은 당나귀가 묶인 말뚝에 매여 있다.

岫 산굴 수 | 繫 맬 계 | 橛 말뚝 궐

죽음은 빈 하늘로 가는 달

무문 원선(無文元選)

마르틴 부버Martin Buber(1878~1965)라는 유명한 유대인 철학자가 "이 세상을 이해할 수는 없지만 포용할 수는 있다"라고 말하지 않았던가?

이와 같은 말이다. 천만 가지, 억 가지, 무수한 인연의 가합假合은 그 어떤 이론으로도, 그 어떤 과학으로도 끝까지 이해할 수 없다. 다만 생사生死의 아주 궁극적인 덧없음을 이해한 사람의 눈에 그 본질과 모습이 포착된다는 것이다. 그러고는 살고 죽는 모든 것을, 그리고 태어나지도 않은 것을 사랑할 수 있고 포용할 수 있으며, 그들을 위해 희생할 수도 있다. 그렇게 해야 구름과 같은 인생은 감로甘露가 된다. 그렇게 해야 당나귀가 묶인 말뚝에 매여 있는 듯한 만겁의 시간이 갑작스레 풀리고, 우리는 돌연 자유의 영역으로 진입한다.

불교학도 ¦ 죽음이 떠도는 달과 같다면, 죽음은 과연 밝은 것인가? 나에게 '월광月光'은 또한 '지혜'를 뜻하는데, 죽음이란 과연 지혜의 원천인가?

시인 죽음이란 그 단어가 보여주는 대로 모든 것의 반영이다. 길을 터주기도 하고 막기도 한다. 길이 막힐 때, 적어도 무엇이 길을 막는지 바로 분명하게 보여주는 것이다.

불교학도 생사生死의 의미에 대해 계속 고민만 하다 보면 당나귀처럼 멍에를 짊어지게 된다. 당나귀는 어떻게 해야 멍에를 벗어날 수 있는가? 늑대로 둔갑하지 않고 당나귀의 몸 그대로 말이다.

시인 우주를 창조한 북유럽의 신들은 창세創世의 순간에 자신들이 혼자라고 생각했다. 그 뒤 타자, 특히 여성들에게 수없이 도전을 받으면서 그 아집을 꺾고, 결국 타자의 존재를 인정하는 세계를 창조했다. 그럼으로써 우주의 늑대 '펜리르Fenrir' 같은 혼돈 세력들을 제어했다. 파괴를 상징하는 그 세력들을 제어하지 못하면 멍에를 벗어나기는커녕 또다시 상처를 입는다.

생사生死의 아주 궁극적인 덧없음을 이해하면,
살고 죽는 모든 것과 태어나지도 않은 것을
사랑할 수 있고 포옹할 수 있으며,
그들을 위해 희생할 수도 있다.

무문 원선 | 無文元選, 무몬 겐센, 1323~1390 | 일본(남북조 시대). 고다이고(재위 1319~1339) 천황의 아들이며, 아버지가 서거한 뒤에 출가해서 임제종의 승려가 되었다. 설촌 우매(雪村友梅, 셋손 우바이, 1290~1346) 등을 스승으로 섬겨 교토의 겐닌지(建仁寺)에서 수행했으며, 1343년 원나라에 건너가 고매 정우(古梅正友, 1285~1352) 밑에서 공부해 인가를 받았다. 1350년 일본으로 돌아온 뒤 시즈오카의 호코지(方廣寺)에 주석하며 임제종의 종지(宗旨)를 폈다.

6

訶風罵雨
佛祖不知
一機瞥轉
閃電猶遲

...

바람과 비에 꾸지람을 주니
부처와 조사들도 알지 못한다.
눈 깜박하는 사이에 몸 바꾸니
벼락도 오히려 느린 것 같다.

瞥 언뜻 볼 별 | 閃 번쩍일 섬

벼락도 오히려 느리다

남포 소명(南浦紹明)

후지와라藤原라는 성을 가진 명문 벌족의 후손인 남포 소명 스님은 8년 동안 중국 유학을 했고, 그 뒤 황실의 고도古都인 교토로 돌아가기 전까지 머나먼 고향 북규슈의 하카다(지금의 후쿠오카)에 주석駐錫하며 대중 교화에 힘썼다. 그러나 임제종臨濟宗인 그의 선풍禪風은 좋은 의미든 나쁜 의미든 대중적이기보다는 차라리 귀족적이었다.

"역설, 모순, 의심의 덩어리를 오랫동안 마음에 품었다가 청천벽력 같은 결정적인 한순간, 깨달음의 순간에 깨버려야 한다. 그 뒤로는 깨친 이에게 부처가 따로 없다. 본인도 주위의 모든 것도 다 부처이기 때문이다."

이 선풍은 귀족적일 뿐만 아니라 남성적이기도 하다. 참고 참았다가 결정적인 한순간 벼락이 치는 사이에 칼로 내려치듯이 푸는 것……. 지그문트 프로이트Sigmunt Freud가 등장한 후의 이 시대에 성교性交의 비유 또는 성욕의 승화법으로도 이해될 수 있을 것이다. 모든 이에게 맞는 삶과 죽음의 방법은 아니지만, 곁에서 볼 때 매력적으로 보일 때가 있다.

불교학도 ː 부처와 조사祖師, 각종 가르침을 아직도 필요로 하는 이들은 부처 없이 스스로 그 멍에를 벗어나지 못하는 불쌍한 중생일 것이다. 그럼에도 나 자신만큼이나 그들을 사랑해야 하지 않는가?

시인 ː 해탈을 얻은 사람은 모든 규칙이나 방법, 수단으로부터 이미 벗어난 것이다. 부처를 버리는 게 문제가 아니고, 버릴 준비가 되어 있는 마음이 관건이다. 결국 모든 일이 아주 순식간에 이루어진다.

불교학도 ː "눈 깜박하는 사이에 몸 바꾸니 벼락도 오히려 느린 것 같다"고 한 것처럼, 이 세상의 모든 고통은 결국 벼락이 치는 한 순간에 지나지 않음을 이해하는 것이 고통을 벗어나는 유일한 방법이 아닐까?

시인 ː 그렇다. 우리는 예상 외의 일들이 반드시 일어날 수 있다는 사실을 알아야 한다.

역설, 모순, 의심의 덩어리를
오랫동안 마음에 품었다가
청천벽력 같은 결정적인 한순간,
깨달음의 순간에 깨버려야 한다.

남포 소명 | 南浦紹明, 난보 소묘, 1235~1308 | 일본(가마쿠라鎌倉 시대). 스루가노
쿠니(駿河國, 지금의 시즈오카) 출신이며, 일본 임제종의 승려. 1259년 송나라에 건너
가 허당 지우(虛堂智愚, 1185~1269)라는, 당시에 제자가 많은 것으로 유명했던 남송(南
宋) 스님에게 참선을 배웠다. 허당 지우는 그 당시 여러 일본 승려를 가르쳤으며, 그렇게
해서 일본에 임제종 송원파(松源派)의 전통을 전했다. 1267년 귀국한 뒤에는 여러 사찰
의 주지를 지냈으며, 결국 처음 득도한 가마쿠라의 겐초지(建長寺) 주지 임기 중에 입적
했다. 사후에 '국사'의 칭호가 추서되었는데, 이는 일본에서 선사(禪師)가 최초로 '국사'
가 된 경우였다.

7

生本不生
滅本不滅
撒手便行
一天明月

...

태어남은 본래 태어남이 아니니
죽음 또한 본래는 죽음이 아니네.
두 손을 뿌리치고 문득 돌아가니
하늘엔 둥근 달만 외로이 떠 있네.

하늘엔 둥근 달만

오석 세우(烏石世愚)

　이 스님은 참으로 어렵고 혼란스러운 시대를 살았다. 장안長
安에서 태어나, 몽골인들이 주인 행세를 하다가 결국 명나라에
게 밀려난 기근과 전화戰禍의 황조 교체기에 살아야 했다. 그런
때야말로 의심으로부터 해방된 분명한 마음이 곧 위로가 된다.
'나'는 어차피 '나'가 아니다. '나'는 이미 잡는 손을 뿌리친 채 떠
나고 없다. 남은 것은 하늘에 뜬 둥근 달뿐이다. 그것은 즉 너도
언젠가 생사의 고생을 끝낼 수 있다는 희망을 의미한다. 전화戰
禍도 영원하고, 희망도 영원하다. 중생의 우둔함처럼, 열반의 고
요함처럼…….

불교학도 : 정치적 혼란기에 멀쩡한 정신을 갖고 살려면 모든 것
이 상대적이라는 것, 즉 태어나는 것도 죽는 것도 환상이라는
것을 반드시 깨달아야 하지 않을까? 그것을 잊는다면 그저 모
든 것에 휘말릴 것이다.
시인 : 여러 생애를 거치면서 결국은 외롭게 지나간다. 그러나 그
렇게 지나가는 사람을 그 나름의 법과 제도를 지닌 사회가 둘

러싸고 있다. 그 법률을 지키기는 할지라도 그것을 내면의 규칙으로 만들지는 말아야 한다. 거꾸로 내면의 규칙을 사회의 법률로 착각하지도 말고…….

불교학도 | 모든 것을 뿌리치더라도 절대 뿌리치지 말아야 할 것은 무엇인가? 애착 중에서 제일 강하게 애착해야 하는 것 말이다.

시인 | 우리는 우리보다 우리를 더 잘 알고 더 지혜로운 사람을 쉽게 뿌리치고 배제한다. 쉽게 배제할 수 없음에도 말이다. 그러다가 상황이 아주 딱해질 때 비로소 그 사람을 찾는다.

하늘에 뜬 둥근 달,
그것은 너도 언젠가 생사의 고생을 끝낼 수 있다는
희망.

오석 세우 | 烏石世愚, 1301~1370 | 중국(원명元明 교체기). 임제종 양기파 승려. 장
안(長安, 지금의 시안西安) 출신. 호는 걸봉(傑峰). 이미 어린 시절에 탑 예배하기를 좋아
하는 등 불교에 대한 호감을 나타냈으며, 어린 나이에 출가해 지암 보성(止巖普成)의 제
자가 되었다. 《금강경》을 자신의 피로 베껴 쓸 정도로 불교에 대한 열정이 강했다는 등
의 일화가 있다. 지암 보성의 인가를 받은 뒤 장안 등지에서 사찰의 주지를 지냈으며, 제
자 15여 명을 길렀다.

8

安禪は必ずしも山水を用いず
心頭滅却すれば火も亦た涼し

...

참선이란 꼭 산수를 이용하는 것이 아니요,
마음속의 욕망이 소멸됐다면 불 속에서도 시원하오.

불 속에서도 시원하오

쾌천 소희(快川紹喜)

쾌천 스님은 불안한 시대를 살면서도 불안이 없는, 안락한 죽음을 맞이했을 만큼 마음 공부를 많이 한 사람이다. 원래 남포 스님과 마찬가지로 고급 무사들이 많이 귀의했던 임제종의 승려였고, 당시 고향 가이甲斐(지금의 도쿄 근방 야마나시 현山梨縣에 있는 도시)의 영주領主였던 명장 다케다 신겐武田信玄의 가까운 벗이기도 했다. 재미있는 건 다케다와 싸웠던 이웃 영주들의 귀의도 받는 등 전국戰國 시대에 일종의 '중립'을 지키는 것이 가능했다는 사실이다. 하지만 전쟁에서의 살육이 직업인 봉건 영주들과 교유하면서 부처님의 말씀을 전하는 것이 여간 부자연스러운 일이 아니었을 것이다.

그런데 늘 전쟁의 공포 속에 살면서 스님에게는 한 가지 단련된 것이 있었다. 가까운 이들의 죽음을 자주 접하다 보니 죽음에 대한 공포 자체가 좀 상대화되었던 모양이다. 다케다 신겐이 죽고 그의 못나고 어리석은 아들이 일본의 새로운 주인인 오다 노부나가織田信長와 도요토미 히데요시豊臣秀吉의 연합군에 패해 할복자살하자, 그 패잔병과 가솔들에게 피난처를 제공함으로써 결국 잡혀가 포박당한 채 생화장生火葬되었던 것이다. 그때 마지막으로 읊은 것이 이 임종게다. 그가 살육자들에게 살육의 악업에 대해 강력하게 반대의 목소리를 높이지 못한 것은 악업을 낳는 일이었겠지만, 그 의연한 죽음으로 악업이 조금은 소멸되지 않았을까 싶다. 세속은 다 화택火宅*이고 깨달은 사람은 그 불 속에서도 시원하게 살다 갈 수 있다는 걸 알고 갔다면, 정토淨土의 연좌蓮座**로 갔을 것이다.

불교학도 | 이는 역사적 사실인가, 전설인가? 물론 신심과 자제력이 강하다면 고통을 감내할 수도 있겠지만, 불 속에서 견디는 최악의 고통을 낙토樂土로 느끼는 이 같은 수준의 깨달음을 얻는 것이 인간으로서 정말로 가능한 일인가?

시인 | 잘 모르겠다. 하나 그 실체에 맞지 않는 외형은 모두 부서져야 한다. 이러한 아픔의 순간, 폭풍의 와중에야말로 인간의 '진짜' 모습이 나타난다. 폭풍 또한 세고 무섭거늘, 최악이라는 것은 과연 무엇을 뜻하는가? 완전히 꺾여버리거나 환상에 사로

---

* 불타고 있는 집이라는 뜻으로, 번뇌와 고통이 가득한 이 세상을 이름.
** 연화대(蓮花臺). 연꽃 모양으로 만든 불상(佛像)의 자리. 연꽃은 진흙 속에서 피어나지만 흙탕물이 묻지 않는 것과 같이, 불보살은 물든 세계 속에 머물면서도 항상 청정한 상태를 잃지 않기 때문에 연화좌를 불보살이 앉는 자리로 삼고 있다.

잡히는 것이 아닐까 싶다.

불교학도 | 그래도 고통이 따라야 참선이 잘된다는 이야기만큼은
사실이라고 봐야 하지 않겠는가?

시인 | 인간의 표피들을 더 벗길 것인가, 아니면 그냥 둘 것인가?
어떻든 비애가 가득 차는 경우에는 참선이 최고의 약이다.

> 세속은 모두 화택火宅이나
> 깨달은 사람은 그 불 속에서도
> 시원하게 살다 가노니…….

쾌천 소희 | 快川紹喜, 가이센 조키, ?~1582 | 일본(전국 시대). 미노노쿠니(美濃
國, 지금의 기푸岐阜) 출신으로, 임제종의 승려다. 임제종 사찰로 유명한 교토의 묘신지
(妙心寺)에서 공부해 법을 이었으며, 그 뒤 당시 유력 영주였던 다케다 신겐(武田信玄,
1521~1573)과 인연을 맺어 야마나시현 고후(甲府)의 에린지(惠林寺) 주지가 되었다. 거
기서 다케다 가문의 패잔병과 롯카쿠 요시하루(六角義治, 1545~1612) 등 오다 노부나가
(織田信長, 1534~1582)의 정적(政敵)들에게 안식처를 제공했다가, 결국 사찰이 토벌군
에 의해 불태워지면서 비명에 죽고 말았다.

9

空來世上
特作地獄滓矣
命布骸林麓
以飼鳥獸

...

공연히 이 세상에 와서
지옥 쓰레기 하나 만들고 가네.
내 유골을 숲 속 산기슭에다 뿌려
산짐승이나 잘 먹이게!

滓 찌끼 재

산짐승이나 먹이게

고한 희언(孤閑熙彦)

성리학적인 회의 정신을 가진 아나키스트라고 할까? 함경도에서 상놈으로 태어난 고한 스님은 정확한 의미에서 '스님'은 아니었다. 스님은 무발無髮이어야 하는데, 고한은 유발有髮이었다. 스님으로서 받아야 할 존경을 받기가 하도 싫어서 그랬단다. 비천한 일을 찾아 도맡아 하고, 비천한 옷을 입고, 비천한 음식을 먹고, 막노동꾼으로 살고……. 그는 '권위'를 갖게 될 것 같아 늘 도망 다녔다. 결국 마지막 도망의 장場은 죽음이었다. 또 묘墓라도 남으면 어리석은 중생들이 그걸 우상偶像 삼아 숭배할 것 같아서 묘도 남기지 않았다. 내가 남기고 간 껍질, 내 시체가 짐승의 먹이가 되고 똥이 되고, 땅으로 들어가 거름이 되어 식물을 자라게 만들고……. 즐거운 녹색 아나키즘이다!

불교학도 인류는 진정 기생충 수준에 지나지 않는다. 다른 동물들은 죽으면 그 시체를 또 다른 동물(하이에나 등)이 먹을 수 있는데, 인간의 시체는 오직 지렁이만 먹는다. 이는 동물계 먹이사슬의 맨 위에 있는 인간의 엄청난 이기심 때문이 아닐까? 물

론 영생을 구하고자 하는, 고대 이후부터 있어온 인간의 욕망
은 그보다 더한 이기심이겠지만 말이다.

시인 │ 모든 것은 결국 지나간다. 이를 직시하는 데는 용기가 필
요하다. 이를 초월하면 정신이요 영靈이고, 그 정반대는 영생
을 얻고자 하는 것이다.《에다》에서 신격인 에시르Æsir 신들이
이를 시도한 적이 있다. 그들은 발데르Balder 신이 상처를 입
을 수도 죽을 수도 없음을 보여주려고 그에게 온갖 무기로 해
를 입힌다. 어떻게 해도 발데르는 멀쩡했지만, 미리 주술을 걸
지 않은 작은 나뭇가지 하나가 그를 갑자기 죽이고 말았다. 그
럴 수밖에 없다.

불교학도 │ 지옥 쓰레기가 되지 않으려면 어떻게 살아야 하는가?
인생이란 본래 덧없는 것이지만, 최악의 지옥 구덩이가 되는
것은 면해야 하지 않겠는가?

시인 │ 에시르 신들은 통곡하며 죽은 발데르를 부활시키려 하는
데, 사실 발데르의 죽음이란 작은 죽음일 뿐이다. 생사의 순환
을 거부하고 영생을 구하고자 하는 것이 훨씬 더 큰 죽음을 부
른다. 그럴수록 더 많은 쓰레기가 만들어진다. 인간을 위한다는
명목으로 인위적인 것들을 만들어내는 일이 모두를 생존의 위

험에 빠뜨린다. 크게 봐서는 바로 그렇게 해서 인간이 지구의
환경을 파괴하기도 한다.

내가 남기고 간 껍질, 내 시체가
짐승의 먹이가 되고 똥이 되고 거름이 되어
식물을 자라게 하는……, 즐거운 녹색 아나키즘!

고한 희언 | 孤閑熙彦, 1561~1647 | 조선. 성은 이(李)씨, 호는 고한(孤閑). 함경북도
명천 출신. 12세에 칠보산 운주사(雲住寺)에 들어가 승려가 되었으며, 그 뒤로 깨달음을
얻기 위해 정진했다. 언제나 누더기옷을 걸치고, 눈이 오는 겨울에도 맨발로 다녔으며,
머리가 길어도 개의치 않고 음식을 폐한 채 10여 일씩이나 선정(禪定)에 들기도 했다.
길거리 아이들의 조롱을 반갑게 받아들였으며, '큰스님' 대접을 절대적으로 거부했다.
다만 간절하게 법을 구하는 사람에게는 설법을 해주었다. 1647년 11월 22일, 유해를 산
속에 방치해 짐승의 밥이 되게 하라는 유언을 남기고 입적했다. 제자들이 그의 유언을
어기고 다비식을 거행하자, 머리뼈가 튀어 소나무 가지에 걸렸다고 한다.

10

利生方便
七十九年
欲知端的
佛祖不傳

···
중생을 위한 방편으로
79년이나 보냈다.
그 알맹이를 알고자 했는데
부처, 조사들이 전해주지 않았다.

알맹이를 전해주지 않았네

원이 변원(圓爾辨圓)

원이 변원 스님은 어릴 때부터 머리에 복잡한 것이 많이 든 사람이었다. 놀아야 할 나이인 다섯 살 때부터 예불을 보고, 열 살이 되자 복잡하기 짝이 없는 천태종의 교학으로 자신을 괴롭혔으며, 거기에다 유교 공부까지 하느라 지식이 머릿속에 듬뿍 쌓여 있었다. 또한 7년이나 송나라에서 보내며 거기서도 밀교부터 천태종까지 맛이 있어 보이는 모든 지식에 손을 뻗치곤 했다. 복잡한 것을 단순하게 만들려고 그가 마지막으로 찾은 것은 화두선話頭禪*, 말과 생각을 끊는 공안公案** 공부다. 그는 이 공부에 열성적이었지만 어릴 때부터 글을 배우고 익혀 단련된 말재주가 좋아서 천황, 무사들이 줄줄이 귀의해 후원자가 되었다.

그런데 이 찬란한 인생을 다 산 뒤에 죽으면서 결산할 때 남은 것은 무엇인가? "그 알맹이를 부처, 조사들이 전해주지 않았다." 맞다. 전해줄 수도 없다. 부처님, 조사님 다 집어치우고 자기 마음의 소리나 잘 듣게.

---

* 간화선(看話禪)이라고도 한다. 참선 수행을 위한 이야기의 실마리, 즉 '화두'를 사용해서 진리를 깨닫고자 하는 선.
** 석가모니가 열어 보인 불법의 도리로, 중국 당대의 선문답에서 시작해 송대에 이르러 성행했다. 화두, 고칙(古則)이라고도 함.

불교학도 | 이 세상에서 부처와 조사들이 제대로 말해준 것이 있기나 한가? 있다면 무엇인가?

시인 | 우리는 홀로 있는 상태에서 모든 것의 의미를 이해하는 방법을 배워야 한다. 결국 죽음이란 어차피 혼자서 받아들여야 하는 일이기 때문이다. 사실 그것이야말로 부처와 조사들이 전하려는 의미의 골자이기도 하다.

불교학도 | 부처와 조사들의 쓰레기가 아닌, 정말로 중요한 가르침을 익히자면, 이를 '알고자 하는 노력', 즉 종교에 대한 지식을 쌓으려는 욕망이 필요한가? 굳이 이런 일에 '계획'까지 세워서 '공부'를 할 필요가 있는가?

시인 | 죽음이란 그저 작은 일일 뿐임을 알게 됨으로써 누군가는 계속 살고, 누군가는 가까스로 살아남고, 누군가는 다시 시작한다. 그러나 거창한 주장의 약점은 결국 그 발화자가 '주장'을 계속 필요로 한다는 사실, 즉 그에게 뭔가를 '주장'하려는 욕망이 남아 있다는 사실 자체다. 진리는 욕망의 건너편에서 기다리고 있다.

죽음이란 그저 작은 일일 뿐임을 알게 됨으로써
누군가는 계속 살고,
누군가는 가까스로 살아남고,
누군가는 다시 시작한다.

원이 변원 | 圓爾辨圓, 엔니 벤엔, 1202~1280 | 일본(가마쿠라 시대). 스루가노쿠
니(駿河國) 출신이며, 일본 임제종의 승려다. 중국 임제선이 일본에서 기반을 잡는 데 많
은 공을 세웠으며, 천황으로부터 국사 칭호를 받은 선승이기도 하다. 어렸을 때 천태학
과 화엄학을 배우고 유학 등 외전(外典)에도 깊은 관심을 가졌으며, 결국 선(禪)에 눈을
떴다. 34세 때 중국으로 구법순례를 떠나 거기서 스승 무준(無準, 1178~1249) 선사를 만
났다. 그로부터 임제종 양기파의 법을 잇고 7년 만에 귀국했다. 종교적인 권위와 명성이
대단히 높아 황실과 막부의 절대적인 귀의를 받았다. 동시에 선어록 및 선불교 역사서
편찬 등 선을 체계화하는 데 상당한 노력을 기울였다.

11

生平欺誑男女群
彌天罪業過須彌
活陷阿鼻恨萬端
一輪吐紅掛碧山

...

한평생 무수한 남녀들을 속였으니
그 죄업 하늘에 차고 수미산보다 높네.
산 채 지옥 떨어져 한이 만 갈래니
한 덩이 붉은 해, 푸른 산에 걸려 있네.

한평생 속였으니

퇴옹 성철(退翁性徹)

성철 스님, 자성自性*을 철저하게 깨닫겠다던 그는 많은 사람에게 한국 선불교 그 자체가 되었다. 그의 성격에도 타협하지 않는 철저함이 있었지만, 그의 불교도 남명南冥 조식曺植 선생의 '의리'처럼 '오로지'로 일관했다. 오로지 돈오頓悟**와 돈수頓修***, 오로지 화두 참구參究, 오로지 나의 길이 바른 길이었다. 나와 의견이 다르면 지눌 스님도 해로운 나무에 불과했다. '오로지'를 고집하는 차원에서는, 독선과 독재적인 성격이 동시대의 박정희와 엇비슷하기도 했다. 그리고 그와 같이 '갑작스러운 깨달음'의 경지에 오르려면 무량겁無量劫의 시간이 필요하고 상상 이상의 근기 성숙이 필요했으니, 그는 그와 '무수한 남녀'의 차이만큼은 너무나 잘 알았다. 말하자면 "중생은 중생이요", 성철은 성철이다, 이런 식이었다.

그런데 왜 열반에 드는 순간에 갑자기 '기만'과 '죄업', '지옥'이 나오는가? 마지막 순간에 하산下山해서 하심下心한 것인가? 만

---

* 모든 존재가 지니고 있는 변하지 않는 성질.
** 갑자기 깨달음.
*** 오랜 수행 기간이나 단계를 거치지 않고 일시에 깨달음에 이르는 수행을 함.

일 정말 그랬다면, 한 덩어리 붉은 해가 온 세상에 따뜻한 빛을 내비칠 만도 하다. 중생을 별로 배려하지 않던 귀족적인 분이 갑자기 참회를 하시다니…….

불교학도 | 평생 세상 사람들을 속이다가 죽기 전에 털어놓는다고 구제가 될까?

시인 | 본인은 구제되지 못하더라도 이 게를 읽는 사람들은 자신의 삶을 바꾸어 자기를 구제할 수 있을지도 모른다. 누군가가 허황된 근거로 자신이 이미 도솔천에 서 있다고 믿는다면, 곧 깊은 나락으로 떨어지고 말 것이다. 그러나 반대라면 세상이 곧 망할 것 같을 때 오히려 딛고 설 땅을 얻을 수 있을지도 모른다. 독선은 인간성을 죽이지만, 위기의식은 오히려 깨침을 준다.

불교학도 | 뭇 사람들을 속이기만 하는, 이 세상에서 굳이 지옥을 거론할 필요가 있는가? 이곳이 이미 지옥일 텐데…….

시인 | 오딘Odin*은 자신의 눈을 빼내어 미미르Mimir의 우물에 숨겼다. 미미르라는 신은 늘 오딘 같은 에시르 신들과 싸우는

---

* 북유럽 신화에 나오는 최고의 신. 본디 폭풍의 신이었으나 후에 군신(軍臣), 농경(農耕)의 신, 사자(死者)의 신이 되었다.

거인족 요툰jotun이라는 신족에 속하는데, 그의 우물은 곧 지혜의 우물이기에 오딘이 지혜를 얻기 위해 눈을 담보로 거기에 넣은 것이다. 동시에 그는 지옥을 경험하고, 요툰들은 언제나 그를 혼돈의 세계에 빠뜨릴 수 있게 된다. 하지만 이 같은 난관이 있다 하더라도 타자와의 연결은 핵심이다. 고립이야말로 지옥이기 때문이다.

> 난관이 있다 하더라도
> 타자와의 연결은 핵심이다.
> 고립이야말로 지옥이기 때문이다.

퇴옹 성철 | 退翁性徹, 1912~1993 | 식민지 조선 및 대한민국. 경남 합천 출신. 속명은 이영주(李英柱). 25세 때인 1936년 3월 해인사에서 하동산(河東山)에게 사미계(沙彌戒)를 받고 승려가 되었으며, 스승에 따라 이른바 범어문중(梵魚門中)에 속했다. 1947년 경상북도 문경 봉암사에서 '부처님답게 살자'고 청담, 자운, 월산, 혜암, 성수, 법전 등과 결사(結社)를 하는 등 당대 불교 개혁을 시도하는 데 앞장섰다. 그 뒤 종단 안에서의 권위가 계속 높아져 1967년 해인총림(海印叢林) 초대 방장(方丈)으로 추대되어 그해 동안거(冬安居)에서 유명한 백일법문(百日法問)을 했으며, 1981년에는 대한불교조계종의 종정(宗正)으로 선출되었다. 1980년대 초반 지눌의 돈오점수(頓悟漸修)를 비판하고 돈오돈수(頓悟頓修)를 주장한 《선문정로(禪門正路)》를 펴내 불교계에 뜨거운 논쟁을 불러일으켰다. 1983년 문공부 등록 종단 대표, 1986년 아시아 종교평화회의 고문 등을 역임했으며, 주요 보수 일간지들과의 인터뷰를 통해 대중적인 명성을 굳혔다. 그러나 군사독재나 민주화 문제 등 당대의 정치·사회적 현안들에 대해서는 끝내 함구했다.

12

來亦不前
去亦不後
百億毛頭師子現
百億毛頭師子吼

...
와도 또한 앞이 아니요,
가도 또한 뒤가 아니네.
백억의 털끝마다 사자가 나타나서
백억의 털끝마다 사자후 포효 나네.

백억의 털끝마다

무학 조원(無學祖元)

"나는 봄바람이야. 머리 자를 것이 있다면, 그래 3척 칼로 잘라버려라!"

저장 성 출신인 무학 조원 스님의 사찰에 원나라 병사들이 난입하자 스님이 그들에게 한 말이란다. 사실인지 확인할 길은 없지만, 겁 없는 모습을 보여 난병亂兵을 정신 차리게 했을 가능성이야 크다. 이미 오고 가는 데 별로 애착이 없었던 그는 자신의 머리를 무조건 보존할 생각이 없었을 것이고, 겁 없는 태도는 대부분 가해자와 피해자 관계의 성립을 미연에 방지한다는 것이다. 자신의 마음 안에서 백억의 털끝을 다 아우르는 위인은 가해자도 피해자도 될 수 없다. 그는 '나라'에도 매달릴 일이 없었다. 일본에 건너가 1282년에 가마쿠라에서 그 유명한 엔가쿠지圓覺寺를 개산한 조원처럼.

사자후가 뭘까? "먼저 자신의 몸과 마음을 포기한 이라야 몸과 마음을 보존할 수 있다"는 이야기일 것이다.

불교학도 : 사자후가 이리도 우렁찬데, 왜 중생들은 하나같이 들

지 못하는가?

시인ㅣ이것이 바로 우리에게 익숙한 침묵의 형태가 아닌가? 세
상이 어떤지 털끝만큼이라도 보려고 하면 꼭 얻어 듣는 것이
있을 것이다. 그러나 우리는 이를 들을 만한 능력이 없어서 그
저 침묵만 듣는 것이다.

불교학도ㅣ도대체 얼마나 살아야 사자가 순한 양이 되는가? 그리
고 어느 때 그 순한 양이 또 바퀴벌레로 둔갑하는가?

시인ㅣ그 위험한 사자가 언제 양이 되는지 당신이 이야기해주면
나도 이야기하겠다. '나이가 충분히 들었을 때'라고 말해도 될
까?

자신의 몸과 마음을 포기한 이라야
비로소 몸과 마음을 보존할 수 있다.

무학 조원 | 無學祖元, 1226~1286 | 중국(송나라), 일본(가마쿠라 시대). 임제종 양기파 승려. 일본 선불교 불광파(佛光派)의 개조(開祖). 명주(明州) 경원부(慶元府) 은현(鄞縣) 출신. 속성(俗姓)은 허(許)씨고, 자는 자원(子元)이며, 별호(別號)는 무학(無學)이다. 12세 때 승려가 되었고, 5년이 지난 후 경산(徑山)에 가서 원이 변원의 스승이기도 한 무준 사범(無準師範)을 만나 각고의 노력으로 5년 동안 정진했다. 그 뒤 어느 날 정루(井樓)에 올라 물을 뜨다가 도르래가 달그락거리는 소리를 듣고 확연개오(廓然開悟)했다. 1275년 원나라 군대가 쳐들어오자 피난해 온주(溫州) 능인사(能仁寺)에 이르렀으며, 1279년에는 일본의 실력자 호조 도키무네(北條時宗, 1251~1284)의 초청을 받았다. 결국 1279년 가을 일본으로 건너갔으며, 그 뒤 호조가 창건한 엔가쿠지(圓覺寺)의 개산제일조(開山第一祖)가 되었다. 후원자인 호조가 죽자 그를 '보살'이라고 규정하는 등 국가권력자들과 매우 친밀한 관계를 유지했다.

13

裏を見せ 表を見せて 散る紅葉

...
안쪽을 보여 바깥쪽을 보이네,
떨어지는 단풍잎들.

다 보여주고

대우 양관(大愚良寬)

'거지중, 땡땡이중'으로 불리던 에도 시대 일본의 성자聖者 양관 스님. 스님이라기보다는 사실 비승비속非僧非俗이었다. 그는 얽매임이 싫고 명예가 싫어서 절에 살지도 않고 규율을 본인이 원하는 이상 지키지도 않았으며, 그저 이 마을 저 마을 돌아다니면서 살았을 뿐이다. 그런데 좀 착하게 살았다. 아이들과 놀면서, 말년에는 데이신貞心이라는 비구니와 사랑을 나누면서, 농부와 술 한잔 기울이면서, 그리고 시를 쓰면서. 그의 장기는 시 외에 아이들과 숨바꼭질을 하는 것이었다.

한번은 저녁에 그가 밭에 하도 잘 숨었기에 아이들이 그를 찾지 못하고 집으로 돌아가서 잠을 잤다. 다음 날 아침 밭을 갈러 온 아이 아버지가 계속 그 자리에 숨어 있는 양관 스님에게 말을 건네자, "말 말게! 너무 크게 얘기하면 아이들에게 들키고 말아"라고 했다. 그러더니 결국 저승에 가서 아주 숨어버리고 말았다. 다행히 보여줄 만큼 다 보여주고 나뭇가지에서 떨어진 잎처럼 떠나간 것 아닌가?

애인 데이신과 주고받은 시 중에 다음과 같은 것이 있다.

夢の世に且つまどろみて夢を又語るも夢もそれがまに

꿈의 세상에서 다시 한 번 꿈을 꾸어보라고 이야기하고, 여기 이 순간도 역시 꿈.

불교학도 | 세상이 꿈이라면 꼭 착한 꿈을 꾸라고 하는 이유가 무엇인가? 우리는 왜 민주, 정의, 낙토 같은 꿈을 좋아하는가?

시인 | 공산주의와 자본주의는 모두를 위한 외면적인 질서를 꿈꾸었다. 선불교는 내면을 중시하는 사람들을 위한 꿈을 제시했다. 우리는 양쪽의 이야기를 다 들어도 된다. 양쪽의 꿈이 다 필요하다. 다만 이 세상이 안으로도 밖으로도 지나치게 기울지 않게 해서, 원래 궤도대로 돌아가도록 하는 것이 중요하다.

불교학도 | 양관 스님이야 실제로 죽는 순간까지 아이들과 놀았지만, 조금 다른 의미에서 우리도 삶이 끝날 때까지 아이처럼 놀다 가는 것 아닌가? 어릴 때 꿈들을 이루려고 사는 것 아닌가?

시인 | 아이들은 공존하는 여러 세계를 무엇이든 받아들일 줄 알지만, 우리는 동심童心을 잃고 말았다. 내면에 바탕을 두든 외면에 바탕을 두든, 우리는 모든 것에 우리의 인위적인 논리를 관철시키려 한다. 그렇게 해서 과연 어릴 때의 꿈을 이룰 수 있을까?

양쪽의 꿈이 다 필요하다.
다만 이 세상이 안으로도 밖으로도
지나치게 기울지 않게 해서,
원래 궤도대로 돌아가도록 하는 것이 중요하다.

대우 양관 │ 大愚良寬, 다이구 료칸, 1758~1831 │ 일본(도쿠가와德川 시대). 조동
종(曹洞宗) 승려, 시인. 본명은 야마모토 에이조(山本榮藏). 에치고노쿠니(越後國, 지금
의 니가타 현) 이즈모자키(出雲崎) 출신. 아버지는 성직자 출신의 이장이었으며 가정이
다복한 편이어서, 가정 교육 차원에서 한학을 깊이 익혔다. 18세에 조동종의 국선(國仙)
화상에게 출가했으며, 스승이 입적한 뒤 조동종의 규율 안에 갇히지 않고 일종의 비승비
속, 방랑 승려 생활을 하며 전국을 누볐다. 1795년 아버지의 비보를 듣고는 고향 마을 근
처로 돌아와, 버려진 암자나 친우의 집에서 기거했다. 여제자인 비구니 데이신과 사랑을
나누고 고기를 먹는 등 불기(不羈)의 성격을 드러내곤 했으며, 민중의 삶과 매우 가까운
생활을 했다. 시와 서예에 조예가 깊어, 사후에 데이신이 그의 시가 들어간 시집《연꽃
의 이슬(蓮の露)》을 엮기도 했다. 일본 근세 민중 불교의 상징으로 여겨진다.

14

轉身一路
橫該豎抹
畢竟如何
彭八刺札

…
몸 움직여 길로 한 발짝 나온다.
가로놓인 길은 잘 닦인 것이다.
필경 어찌하리?
오호, 맙소사!

오호, 맙소사

몽창 소석(夢窓疎石)

  몽창 스님은 일본 임제종의 명승 가운데 명승이다. 그의 길은 만고에 잘 닦여 있었다. 네 살에 어머니를 잃은 뒤 그는 '죽음'을 안고 살았다. 죽어가는 이의 그림을 그려 벽에 걸어놓고 사생死 生에 대한 명상을 하기도 하고, 또 유명한 학승이 임종 직전에 추태 부리는 것을 보면서 지식이란 반드시 사생이 똑같다는 깨달음을 가져다주지 않는다는 사실을 알았다. 그 정도의 깨달음을 얻자면 지식 이상의 뭔가가 필요한데, 몽창은 그걸 화두를 참구參究하는 임제의 선풍에서 찾은 것이다.

  그는 오랜 참선 뒤에 방에 들어와 넘어지면서 궁극적인 깨달음(窮極覺)을 얻었다. 그리고 46년 뒤에 다시 한 번 넘어지면서 깨닫고 떠나갔다. 죽음이라는 마지막 깨달음을 얻은 것이다. 맙소사! 몸을 움직이는 것은 좀 괴로운 일이지만, 종국에 몸의 움직임도 없다는 걸 알면 괜찮기도 하다. 그러나 세상에서 '국사國師'로 통했던 그가 '국國'이 악취 나는 똥덩어리라는 사실까지 과연 뼈저리게 깨달았는지 모르겠다. 이 세상은 공포심이 다스리기에, 죽음과 삶의 길을 직시하기는 쉬워도 사람들이 스스로 만들어놓은 감옥의 실체를 바로 보기는 힘들 수도 있다.

불교학도 │ 이 스님은 진실로 임종의 순간에 깨달음을 얻은 듯하다. 그런 순간이 오기 전에 진짜 깨달음을 얻을 수 있을까?

시인 │ 이 시는 우리가 죽기 전에 이미 죽어야 함을 말해준다. 이 시는 끝이 나기 전에 끝난다. 삶도 마찬가지다.

불교학도 │ 몸을 움직여 마음을 바꾸면서 평생 얼마나 바보스럽게 살았는가를, '국가'라는 이름의 공포감을 얼마나 이겨내지 못했는가를 깨닫는 것이야말로 임종할 때 가장 필요한 것이 아닌가? 그것이 없으면 '깨달음의 임종'은 불가능하다.

시인 │ 끝에 이르면, 우리는 국가와의 관계 문제를 그냥 그대로 놓아둔다. 다른 방법이 없겠지 하면서……. 본래 계획대로, 어린 시절 꿈대로 끝까지 간다 해도 그렇고, 더 쉽고 편한 길을 가려 한다 해도 그렇다. '국가'나 자신의 복종심 같은 한계를 아는 것이 중요하지만, 그 한계를 넘어설 줄 아는 것이 더 중요하다. 그러나 결국 우리는 남의 판단에 의해 타율적으로 살아가고, 이런저런 함정에 빠진다. 더는 어찌할 수 없는 노릇이다. 훗날 더 나은 기반을 갖춰서 다르게 시도해볼 수도 있을 것이다.

이 세상은 공포심이 다스리기에,
죽음과 삶의 길을 직시하기는 쉬워도
사람들이 스스로 만들어놓은 감옥의 실체를
바로 보기는 힘들 수도 있다.

몽창 소석 | 夢窓疎石, 무소 소세키, 1275~1351 | 일본(가마쿠라, 무로마치室町 시
대). 임제종 승려. 몽창은 도호(道號), 소석(疎石)은 법휘다. 당대를 풍미했던 권력자의
총아로 '일곱 군주의 스승(七朝帝師)'이라는 별칭도 얻었다. 부계는 황실의 자손이었으
며, 모계는 가마쿠라 시대의 실력가 호조 가문 계통이었다. 어머니가 일찍 세상을 떠나
자 4세 때 출가해 먼저 천태학과 화엄학 등 교학을 익히지만, 나중에 선불교로 전환해서
1305년에 깨달음을 얻었다는 인가를 받았다. 왕정 복구를 꿈꾸던 당시의 천황 고다이고
와 가마쿠라 막부의 보호를 받았으며, 그들의 지원을 받아 몇 개의 사찰을 창건했다. 이
후 고다이고의 왕정 복구 시도가 아시카가(足利) 막부에 의해 패배당한 뒤에는 아시카
가 정권과도 매우 가까운 관계를 맺었다. 조금은 귀족적인 승려로 시와 정원 조경에 능
했으며, 수천 명의 제자를 길렀다.

15

截斷佛祖
吹毛常磨
機輪轉處
虛空咬牙

...
부처, 조사들을 잘라버리고
날카로운 칼을 늘 연마한다.
방아쇠를 튕기는 순간
허공에다 입을 맞춘다.

咬 물교

허공에 입을 맞추다

종봉 묘초(宗峰妙超)

스님은 귀족 출신이자 어릴 때부터 신동으로 알려진 사람이었다. 그런데 이러한 흔적들은 완벽하게 씻어내기가 어렵다. 종봉 스님처럼 '소가 창문으로 지나간다'는 화두를 들고 몇 년간 교토의 다리 밑에서 걸인 생활을 해도 어렵다는 것이다. 이 걸인 생활 이야기는 전설인지 사실인지 모르지만, 종봉 스님의 (좋은 의미에서) 광적이다 싶은 선풍禪風을 잘 보여준다.

그는 부처를 잘라내기라도 할 것 같은 기상으로 타협을 거부하려 했다. 그래도 그를 지원했던 조정이 망하고, 그가 후원을 받을 생각이 없는 아시카가足利 막부가 흥하니 다행이었다. 방아쇠가 튕겨지는 순간이라도, 그래도 후원을 덜 받은 몸으로는 허공에 키스하기가 조금 더 쉽고 자연스럽다.

불교학도 | 허공에 입맞춤하는 것은 우리가 평생토록 하는 일 아닌가? 허공에 부처를 만들고 예수를 만들고 출세나 성공의 그림을 만들어서, 거기에 열정을 다해 입 맞추려는 것이다. 결국 허공에 입 맞추고 마는 것과 같지 않은가?

시인 | 스님과 그의 스승들은 이미 부동자세로 앉아 있는 '신'이 되었다. 그들은 다만 우리를 위에서 내려다볼 뿐이다. 그러나 우리는 운명적으로 씹어서 뱉어내야 할 것은 결국 뱉어내야 한다. '성공' 같은 환상들 말이다.

불교학도 | 부처와 조사들을 잘라버리는 게 어려운가, 자기 자신을 잘라버리는 게 어려운가?

시인 | 부처는 우리가 자신을 자르는 것을 원치 않는다. 개개인의 개성은 남아야 한다.

허공에 입맞춤하는 것은 우리가 평생토록 하는 일.
허공에 부처를 만들고 예수를 만들고
출세나 성공의 그림을 만들어서,
거기에 열정을 다해 입 맞추려 한다.

종봉 묘초 | 宗峰妙超, 슈호 묘초, 1282~1337 | 일본(가마쿠라 시대). 임제종 양기 파 승려. 종봉은 도호(道號), 묘초는 법휘(法諱)다. 하리마(播磨, 지금의 효고 현) 귀족 집안 출신. 신동으로 알려진 그는 11세에 출가해 먼저 천태학을 배웠지만, 나중에 선불교로 전환했다. 교토의 남포 소명(南浦紹明, 1235~1308) 선사에게서 배웠으며, 그와 함께 가마쿠라로 옮겨 거기서 26세에 깨달음을 얻었다는 인가를 받았다. 약 20년 동안 교토에서 걸식 생활을 하는 등 한때 무소유 행으로 유명했다. 그 뒤로는 고다이고와 하나조노(花園, 1297~1348) 천황의 귀의를 받아 그 후원으로 교토에서 다이도쿠지(大德寺)를 창건하고, 거기에 황실의 기원소(祈願所, 일종의 기도원)를 만들었다. 제자들이 교토의 다이도쿠지와 묘신지(妙心寺)의 주지를 맡아 그와 남포 풍의 선불교를 약간 다르게 이어나갔다. 문장에 능했으며 풍격은 매우 엄했고, 일반인이 따르기가 아주 어려운 방식으로 교화를 펴나갔다. 조금은 귀족적인 선(禪) 문화라고 할 수 있다.

16

七十八年
無法可說
末後一句
露柱饒舌咄

...

일흔여덟 해에
설한 법이 없었네.
마지막 한마디는?
덩그러니 서 있는 기둥, 말이 많다, 쯧쯧!

咄 꾸짖을 돌

설한 법이 없었네

서중 무온(恕中無慍)

 말하기에 좋은 시기가 있고, 말 안 하기에 좋은 시대도 있다. 서중 스님이 살았던 시대는 아마도 난세亂世이기 전에 탁세濁世였을 것이다. 망해가던 원나라는 민심을 수습하는 한 방법으로 승려들을 포섭하느라 여념이 없었고, 좋은 세상을 만났다 싶은 땡땡이중 무리는 승려 신분을 돈 받고 파는 등 온갖 더러운 짓을 저질렀다. 이렇듯 밖에 나가기 싫은 때인지라 서중은 세상을 잘 상대하려 하지 않았다. 일본에 갔다 오라는 나라의 명령을 무시할 정도로 자기 절을 떠나는 것을 싫어했다.

 그런 그가 말이 많았다고? 글쎄, 사람은 더러운 세상에서 깨끗하게 살려고 발버둥칠 때 자신에게 아주 엄격한 잣대를 들이대게 되어 있다. 그는 말이 많기보다는 《산암잡록山菴雜錄》 같은 승려 사회의 온갖 부정부패를 파헤친 책을 남기는 등 인간사에 대한 '분별'과 '판단'을 많이 했다. 세상을 바로잡으려고 그랬겠지만, 원래 세상을 바로잡으려는 이가 좀 굽어지는 이치도 있다. 혁명의 첫 번째 희생자는 바로 악역까지 다 해야 하는 혁명가 자신이 아닌가? 그런데 그런 걸 다 인식해서 '덩그러니 서 있는 기둥'을 이야기한 걸 보니, 그에게는 조용한 하나의 생각이 있었다. 아무리 바빠도 마음 안에서 고요함을 간직했다. 그렇기에 마지막의 "돌때!" 소리가 다가오던 저승의 암흑을 거두어버리고 말았다. 죽음이 아니고 자유다!

불교학도 | 우리는 정말 말을 멈추고 묵언默言하면서 이 세상과 소통할 수 있는가?

시인 | '묵언'이란 무엇인가? 말은 화자의 의도를 배반하게 돼 있다. 그래서 '묵언'이 진리에 더 가깝다. 숨어서, 비사회적으로 사는 게 전혀 불행하지 않다. 그럴 때 언어 밖의 내면적인 세계에 기댈 수 있기 때문이다. 우리에게 진정 필요한 게 뭔지 이해하고, 결국 그것을 현실적으로 득하지 못하더라도 구하도록 노력해야 한다. 반드시 바깥 세계에 어떤 영향을 주려고 이 같은 구도를 하는 것이 아니다. 그보다는 '나' 자신의 자리를 찾기 위해서다.

불교학도 | 부처님의 법을 말할 때 정말 여법如法하게 할 수 있는가? '법' 자만 꺼내도 법法이 벌써 도망가지 않는가?

시인 | 음지에, '지하'에서 살면서 자신을 내세우지 않는 것, 이는 '지상'에서 성공하는 것만큼이나 중요하다. 어차피 올 사람은 와

서 말을 나누게 되어 있다. 《에다》에 난쟁이라는 신화적 존재
들이 등장한다. 그들은 중요한 지식과 지혜를 갖고 있어서, 곤
경에 처한 에시르 신들이 비상한 수단을 필요로 할 때 그들을
찾아온다. 물론 난쟁이들은 그 비밀을 쉽게 내놓지 않는다. 그
리고 그들은 사회에서 더 '생산적이고' 더 '외향적인' 다른 신들
만큼 좋은 평판을 받지도 못한다. 그래도 말을 꺼내지 않는 이
런 존재 없이는 세계는 궁극적으로 제대로 돌아가지 못한다.

덩그러니 서 있는 기둥처럼
조용한 하나의 생각!
마음 안에서 간직하는 고요함!

서중 무온 | 恕中無慍, 1309~1386 | 중국(원나라, 명나라). 임제종 승려. 절강(浙江)
임해(臨海) 출신. 속성은 진(陳)씨. 자는 서중(恕中)이고, 호는 공실(空室). 원수 행단(元
叟行端, 1255~1341) 등 여러 선사에게 두루 배운 뒤, 구자무불성(狗子無佛性)의 뜻을 물
으려다 스승의 꾸짖음을 듣고 바로 깨우쳐 게송(偈頌)을 쓰고 인가를 받았다. 이후 영암
(靈巖) 광복사(廣福寺)와 서암(瑞巖) 정토사(淨土寺)에서 교법을 폈는데, 강호(江湖)의
뛰어난 인재들 가운데 와서 참구하는 사람이 아주 많았다. 1384년 제자들이 은주(鄞州)
취암산(翠巖山)에 초당을 짓고 받들어 모셨으나, 2년 뒤 가벼운 질병 기운이 있더니 7월
10일 단정하게 앉은 채 입적했다. 저서에 《서중화상어록(恕中和尙語錄)》6권과 《산암
잡록(山庵雜錄)》2권, 《정토시(淨土詩)》1권, 《중엽설두염고백칙(重拈雪竇拈古百則)》
등이 있다.

17

目無所見無分別
耳聽無聲絕是非
分別是非都放下
但看心佛自歸依

...

눈으로 보는 것이 없으면 분별함도 없고
귀로 듣는 소리 없으면 시비도 끊어진다.
분별하고 시비함을 모두 놓아버리고
마음의 부처만 보고 스스로 귀의하라.

마음의 부처만 보라

부설 거사(浮雪居士)

부설 거사님, 당신이 신라 시대에 실재했는지 아니면 후대인들이 원효 등 신라의 유명한 거사들을 참고해서 당신의 모습을 조합해 만들었는지 잘 모르겠다. 굳이 학술적으로 따진다면, 아마도 당신은 가상假想의 인물인지라 실제로 죽을 수도 없었을 것이다. 당신에 대한 최고最古의 자료란 조선 시대의 소설이니, 어찌 이와 다르게 생각하겠는가? 그러나 소설이든 사실이든 참 인간적이면서 불교적인 이야기다. 불국사 스님의 몸으로 공부를 위해 도반道伴들과 떠나려다가, '전생부터 천부天賦의 배필'이라고 외치며 나타난 묘화라는 여인을 자비스럽게 여겨 결혼하고, 환속했다가 결국 대처帶妻의 몸임에도 가족들과 함께 열반에 들었다는 이야기다.

글쎄, 섹스를 하면서도 '마음의 부처'를 볼 줄 안다면, 백 번 대처승이 되어도 고집스럽고 철저한 비구보다 나을 것이다. 성기에 정액이 묻는 것보다 눈과 귀에 보고 듣는 삼라만상의 이미지가 각인되어 내면의 자유를 잃고 외물外物의 구속을 받는 것이 훨씬 더러운 일일 것이다. 섹스 자체가 열반으로 가는 길은 아니지만, 금욕 또한 열반과는 무관하다. 어쩌면 자연스럽기만 한 섹스에 대한 집착보다 꽤 부자연스러운 금욕에 대한 집착이 더 안 좋을지도 모른다. 부설 거사, 당신은 몸으로는 세속을 살았지만 마음으로는 금욕했다. 그게 정도正道이자 중도中道다.

불교학도 | 차라리 방탕하게, 질펀하게 살면서 삶이란 무엇인지 정확하게 직관하는 것이 금욕하면서 금욕이 바로 열반이라고 오해하는 것보다 낫지 않은가?

시인 | 견해의 무의미함이 드러나면, 그 뒤에 숨겨진 정신의 배경이 가시화된다. 모순이란 경주하는 두 마리의 말이다. 옛날 스칸디나비아 신화에 피부가 까만 '로케Loke'라는 신이 있었다. 곤경에 빠진 다른 신들에게 늘 골탕을 먹이던 악신惡神이었는데, 가끔은 그들을 곤경에서 구원해주기도 했다. 또 '헤임달Heimdal'이라는 광명의 선신善神도 있었는데, 《에다》의 신화에 따르면 한번은 두 신이 물개로 둔갑한 채 사랑의 여신에게 선물로 줄 보석을 놓고 싸운 적이 있었다. 그런데 결국 이긴 편도 진 편도 없었다. 그림자가 빛을 좇아다니듯이, 서로가 서로를 붙잡으며 쫓고 쫓기는 일이 되풀이될 뿐이었다. 음陰과 양陽이

그렇듯, 싸우면서 하나가 된 것이다. 결국 성과 금욕의 관계도 그런 게 아니겠는가? 양쪽에 모순이 있는 것처럼 보이지만 삶에서는 양쪽이 다 필요하고, 그 중도가 필요하다.

불교학도 나에게 성관계란 웃음과 상통한다. 관계할 때도 웃을 때도 세상보다 좀 높아지는 것이고, 세상을 내려다볼 수 있다. 그게 정말 도움이 되지 않는가?

시인 이 세상의 모든 심각한 일과 돈 계산 등을 상대로 웃음이 싸운다고 생각해보라. 전에 없던 일이 일어나지 않을까?

음과 양이 그렇듯이
싸우면서 하나가 된다.

부설 거사 | 浮雪居士 | 신라 시대 승려로 알려졌지만, 전설적인 인물로 추측된다. 후대의 관련 자료에 따르면 성은 진(陳)씨고, 이름은 광세(光世), 자는 의상(宜祥)이었다. 경상북도 경주 출신. 신라 선덕여왕 때 태어났으며, 어려서 출가해 경주 불국사에서 원정(圓淨)의 제자가 되었다. 그 뒤 여행 중 지금의 전라북도 김제시 만경들판이 있는 두릉(杜陵) 구무원(仇無寃)의 집에서 하룻밤을 묵을 때, 무원의 딸 묘화(妙花)와 부부의 인연을 맺었다. 15년을 살면서 아들 등운(登雲)과 딸 월명(月明)을 낳고는 아이들을 부인에게 맡기고 별당을 지어 수도에만 전념했다. 입적한 후에는 도반들에 의해 다비식이 거행되었으며, 그때 아들과 딸이 출가 수도해서 도를 깨우쳤다. 부인 묘화는 110세까지 살다가 죽기 전에 집을 보시해 절을 만들었다고 한다. 전설로 보이는 이 전기는 조선 후기에 편찬한 《영허대사집(暎虛大師集)》에 수록되어 있다.

18

五十七年幸自好
無端破戒作長老
如今掘地且活埋
旣向人前和亂掃

...

다행히도 쉰일곱 해 스스로 잘 지내오다가
이유 없이 파계해서 큰스님이나 되었구나.
이제는 땅 파서 나를 산 채로 묻어다오!
이미 사람 앞에 화평과 난리, 다 지웠노라.

화평과 난리, 다 지웠노라

보안 가봉(保安可封)

15여 년 동안이나 큰 절간에 가지 않고 상주常州의 보안산保安山에서 조용하게 지냈던 당신은, 과연 남 앞에서 무엇을 어떻게 지웠던가? 당신은 당신의 카리스마, 당신의 풍자 정신, 당신의 기개로 대중을 압도했다던데, 이제 다른 사람—아마도 당신의 제자들—에게 "나를 산 채로 묻어다오" 하면서 사실상 당신을 능가해 달라고 당부하는 것인가? 글쎄, 그렇다면 이는 진짜 스승의 길이다. 참된 스승은 제자의 청출어람靑出於藍에 더할 나위 없이 기뻐하고 제자에게 '나를 묻어 달라, 나보다 더 잘해 달라'고 애원하면서 죽는다. 만해萬海가 만날 제자들에게 했던 소리가 아니었던가? "이놈아, 나를 존경한다 그러지 말고 나를 생매장해 다오. 나보다 독립운동을 더 훌륭하게 해 다오"였다.

그리고 큰스님이 되는 것은 파계보다 더 나쁜 짓임에 틀림없다. 내가 봐도 그렇다. 옛날에는 어땠는지 모르지만, 최근 이른바 '큰스님'들을 보면 존경할 만한 사람이 그리 많지 않은 것 같다. 누군가를 위대하다고 기리는 것은 사람을 가장 정확하게 죽이는 방법이다. 영적인 죽음을 이야기하자면.

불교학도 파계를 해야, 모든 규칙을 위반해야 진정한 구도자가 되는 것은 물론 아니다. 그런데 크게 보면 삶, 생명 그 자체는 어떤 우주적 규칙의 위반이 아닌가?

시인 고대 스칸디나비아 신화 속의 '볼바volva' 여신은 대체로 규칙과 상관없이 존재한다. 벌써 무덤 속으로, 지하세계로 돌아갔기 때문이다. 그럼에도 규칙 밖의 그녀는 모든 신에 대해서 다 알고, 그들의 관계에 대해서도 다 안다. 그런데 세계를 위협할 만한 신 사이의 모순에 대해서 그 어떤 대책도 세우지 않는 것이다. 단, 혹시나 그녀의 조언을 정말로 필요로 하는 이가 있다면 부활할지도 모른다. 그렇지 않다면 그녀는 죽음의 품 안에서도 참 편하게 지낸다. 하지만 그녀는 이미 자신의 내면을 너무나 뚜렷하게 남 앞에서 보여준 바 있다. 최고의 지혜, 최고의 앎은 모든 규칙을 다 벗어난 것들이다.

불교학도 제자들에게 생매장당할 때, 제자들이 당신을 한참 능가했다는 걸 실감할 때 과연 그 느낌은 어떤가? 그걸 감수하는 것이야말로 부처가 아닌가?

시인 그때의 느낌이란 'Enough is enough'다. 나로서 이로써 충분했다, 이것이다. 이제는 남들의 차례다, 이것이다.

누군가를 위대하다고 기리는 것은
사람을 가장 정확하게 죽이는 방법이다.
영적인 죽음을 이야기하자면.

보안 가봉 | 保安可封, 1133∼1189 | 중국(송나라). 강소성 상주(常州) 의흥(宜興) 출
신. 속성은 임(林)씨. 어린 나이에 출가해 월암 선과(月菴善果) 선사의 제자가 되었다.
여러 사찰을 전전한 뒤 상주의 보안산에 돌아와 작은 사찰에서 15년을 보내고, 그곳에서
입적했다.

19

吾年七十六
世緣今已足
生不愛天堂
死不怕地獄
撒手橫身三界外
騰騰任運何拘束

...

이제 내 나이 일흔여섯,
세상과의 인연, 다 됐네.
살았을 때도 천당이 싫었고,
죽어서도 지옥이 안 두렵네.
몸 거두어 세상 바깥으로 가려 하니
뜻대로 유희자재 해탈경지 아닌가.

지옥이 안 두렵네

부용 도해(芙蓉道楷)

어릴 때부터 중이 된 당신은 아무래도 말하는 걸 좀 좋아했나 보다. "천당을 좋아할 일은 없었다." 굳이 그걸 이야기해야 하는가? 하기야 당신도 당신의 이 벽癖을 알았던 듯하다. 그렇기에 "혀가 없어도 말을 하는 사람, 다리가 없어도 걸어가는 사람과 아직 부합할 수 없다"고 하지 않았던가? 그건 맞다. 혀가 없어도 말을 할 수 있다. 말없이, 마음으로 소통할 수 있다는 것이다. 당신이 그걸 덜 배웠다는 걸 스스로 인정한 셈이다.

그런데 당신이 한 말 중에 촌철살인의 표현이 있긴 하다. "지옥을 두려워한다면 자유란 없다." 이 세상에서도 저세상에서도, 모든 세상 바깥에서도. 두려움 자체가 우리 마음 안의 지옥이기 때문이다. 그 지옥을 벗어나는 것이 천당에 대한 애착을 버리는 일부터 시작된다는 것도 맞는 이야기다. 공포도 애착도 다 벗어나 내세에 대한 생각 자체를 끊는 자리에서 '나'는 당당해질 수 있다.

불교학도 성인聖人이라 해도 완전히 겁 없이, 공포 없이 살 수 있는가? 그건 허공을 날아다니는 것만큼 불가능한 지경 아닌가?

시인ㅣ비록 선善이라 해도 그 그림자, 그 귀신이 따라다니게 마련이다. 세상, 세간이란 '사이', 즉 '이중성'을 뜻한다. 그리하여 '선'이란 곧 하나의 환상이 되기 쉽다. 그것을 잃을 것 같아서, 절대선이라는 게 불가능하다는 현실에 직면할 것 같아서 인간은 겁이 난다. 그럴 때 직감만이 사람을 살릴 수 있다.

불교학도ㅣ우리가 느끼는 공포의 대상은 무엇인가? 죽음인가, 아니면 죽음으로 인도하는 고통, 특히 신체적 아픔과 배고픔인가?

시인ㅣ궁극적으로 공포의 대상이란 우리가 알 수 없는 다름, 즉 타자성이다. 다음 세계도 우리에게는 미지의 타국에 불과해 공포를 불러일으킨다. 특히 심적인 고통을 당할 때, 그 고통의 정확한 실체를 잘 몰라 고통이 배가된다. 그러면 어떻게 해야 하는가? 《에다》에서 에시르라는 이름의 선신들과 바네vaner라는 이름의 악신들이 화친했을 때, 그들은 서로의 차이, 서로 간의 거리를 인정하고 인질을 교환했다. 서로의 차이를 포용하고, 서로의 다름을 각자 자기 계발의 자원으로 이용하려 한 것이다. 이때 인질이란 그들 가운데 제일 뛰어난 이들로, '다른 쪽'에 가서 꽤 유쾌하게 살면서 서로를 인정하게 하는 역할을 한다. 그렇게 하지 않는다면 화친도 환상일 뿐이다.

지옥을 두려워한다면 자유란 없다.
이 세상에서도 저세상에서도, 모든 세상 바깥에서도.
두려움 자체가
우리 마음 안의 지옥이기 때문이다.

부용 도해 | 芙蓉道楷, 1043~1118 | 중국(송나라). 조동종 고승. 속성은 최(崔)씨. 어린 시절부터 세속적인 삶을 등지려는 의지를 보였다. 처음에는 도교를 공부했다가 나중에 불교로 선회했다. 송나라의 휘종(徽宗, 1082~1135)이 '정조 선사(定照禪師)'라는 칭호를 내리려 했지만 고사해, 황제의 노여움을 사서 고향 산동으로 귀양을 가기도 했다. 이처럼 권력으로부터 독립적인 태도를 보인 것은 선불교 역사에서 꽤 드문 경우였다.

20

羅漢今日
倒騎鐵馬
逆上須彌
踏破虛空
不留朕跡

...
나한사羅漢寺의 주지인 나는 오늘날
쇠로 만든 말을 거꾸로 탄다.
수미산 거꾸로 올라 허공 밟아도
그 어떤 흔적도 남기지 않는다.

朕 조짐 짐

거꾸로 타는 철마

나한 계남(羅漢系南)

세상에서 제일가는 행복이란 무엇인가? 이룰 일들을 단기간에 이룬 뒤에 별 미련 없이 이 몸을 벗어던지는 것이다. 뱀이 낡은 허물을 벗듯이 말이다. 나는 그런 면에서 요절한 최서해崔曙海(1901~1932), 나도향羅稻香(1902~1926), 김소월金素月(1902~1934), 이상李箱(1910~1937) 같은 문인들이 부럽다. 30대 초반에 세상을 떠난 이 천재들이야말로 식민지 시대 조선의 문학을 가장 기름지게 만든 이들이다. 요절할 것을 무의식적으로 알기라도 한듯, 본인만이 할 수 있는 작업을 단기간에 어느 정도 해놓고 갔다. 비교적 오래 살며 수십 편의 '그저 그런' 작품을 써낸 찰스 디킨스Charles Dickens(1812~1870) 같은 문인보다 아픈 마음을 몇 편의 짧은 단편에 다 쏟아내고 일찍이 떠난 이 문인들이 훨씬 더 친근하게 느껴진다.

계남 선사도 이미 40세에, 해야 할 일을 거의 다 해냈다. 수행자 사이의 리더 격이었고, 사부대중四部大衆*의 신망을 받았으며,

---

* 불교의 교단을 구성하는, 즉 석가모니의 가르침을 따르는 네 부류의 사람들. 출가한 남녀 수행승인 비구, 비구니와 재가(在家)의 남녀 신도인 우바새, 우바니를 말한다.

나한사의 주지로 추대되었으니……. 그 신망이 부담스러워서 일찍 가고 싶었던 것은 아니었을까?

 '거꾸로 타는 철마'는 저승사자의 달구지일 것이다. 우리로서는 상상이 가지 않는, 우리 세상 바깥의 여행을 의미할 것이다. 그 여행 과정에서 수미산, 곧 이 사바세계의 맨 꼭대기를 떠나 허공, 즉 열반의 바다로 뛰어내리는 것이 절정일 듯싶다. 그때 더 무슨 흔적을 남길 마음이 생기겠는가? 명성이고 불명예고 모든 것을 잊고 무심한 채 뛰어내리는 것, 이것이 수행자의 마지막 걸음일 것이다. 이런 겁 없는 행동이야말로 옆에서 지켜보는 사부대중들에게 궁극적으로 도움이 된다.

불교학도 │ 똑똑한 인간을 많이 봤지만, 그 가운데 '나는 지하에서 살고 지상에는 그 어떤 흔적도 남기지 않겠다'고 다짐하며 실천한 진정한 은자隱者는 보지 못했다. 인간으로서 가능한 일인가?

시인 │ 나의 의도와 논리 등으로부터 자신을 해방시켜 세상에 존재하지 않는 것에 기댈 수 있을까? 이것이 관건이다. 이를 필요 없는 지팡이처럼 그냥 던져버리면, 필요한 모든 것을 각자에게 내재된 무의식의 세계에서 발견할 것이다. 그런 무의식을 인정하고 사는 사람이라면 '지상 세계'의 명성 따위는 얼마든지 거부할 수 있다.

불교학도 ┃ 차라리 똑똑하지 않은 게 장점 아닌가? 그러면 과시할 것도 없는데 말이다.

시인 ┃ 《에다》에는 온 우주를 혼란에 빠뜨릴 말세의 우주 늑대, 악신 '펜리스Fenris'를 묶는 '글라이프니르Gleipnir'라는 주술적인 포승捕繩이 등장한다. 이 포승은 이 세상에 없는 여러 재료로 만들어졌다. 곧 산의 뿌리, 물고기의 호흡, 고양이의 거름 등이다. 비현실적인 것들이야말로 최강의 힘을 보유한다. 현실적인 똑똑함 등은 실존 차원에서는 쓰레기에 불과하다.

> 모든 것을 잊고 무심한 채 뛰어내리는 것,
> 이것이 수행자의 마지막 걸음.

나한 계남 ┃ 羅漢系南, 1050~1094 ┃ 중국(송나라). 임정(臨汀) 장(張)씨의 후손. 여산 (廬山) 나한사(羅漢寺)에서 오래 머물렀다. 10세에 속가의 백부인 김천원(金泉院)의 승려 덕렴(德廉)에게 출가했다. 3년 동안 정진하면서 한 차례도 집에 가지 않는 등 공부에 몰두한 것으로 유명하다. 그 뒤 담주(潭州: 후난 성 및 후베이 성 일대의 옛 명칭) 도림사 (道林寺) 우(祐) 선사의 문하에서 공부하는 등 여러 선지식을 참방했다.

21

今年七十五
歸作菴中主
珍重觀世音
泥蛇吞石虎

...

올해 나이 일흔다섯
돌아와 암주 됐으니
안녕하소서, 관세음보살!
진흙뱀이 돌범을 삼켰다.

진흙뱀이 돌범을 삼키다

설소 법일(雪巢法一)

'시골뜨기 중' 설소 스님, 당신의 '코드'는 늘 '돌아옴'이었다. '중 벼슬은 닭벼슬만도 못하다'고 하는데, 당신도 제대로 된 승려답 게 비교적 큰 사찰인 장로사長蘆寺의 주지 벼슬을 마다하려 했 으며, 끝내 마다하지 못해 어쩔 수 없이 1년만 버티다가 당신의 작은 암자 관음원觀音院으로 돌아왔다. 벼슬을 고통으로 여기고, 남들과 고통을 나누어 갖자는 의미에서 잠깐 맡아 양심의 짐을 좀 덜었던 셈이다. 그리고 그걸 그만두어 곧 이승에서 저승으 로 돌아올 뜻이 간절해진 모양이었다. 얼마나 간절하기에 임종 이 오기도 전에 먼저 관에 들어가 그 널빤지를 자물쇠로 잠갔 겠는가? 중생들을 자비롭게 여겨 잠깐이라도 그들과 고통을 나 누어 가지려고 이승으로 왔는데, 영원한 고향으로 '돌아옴'에 대 한 생각이 간절해서 빨리 떠나려고 다소 서두르는 모습이었다.

진흙뱀이란 우리를 태어나게 한 어머니인 땅[坤]이고, 돌범은 이승에서 활동하게끔 우리에게 원기를 주는 아버지인 푸른 하 늘[乾]인 셈이다. 당신은 인생의 원기를 다 소진해 결국 어머니 의 품으로 돌아왔다. 그게 인간으로서의 마지막, 영원한 행복이 아닌가?

불교학도 "안녕하소서, 관세음보살!"은 도대체 무엇인가? 스님은 관세음보살이란 바로 자신의 마음, 즉 식識 밖에 존재하지 않는다는 것을 몰랐을 리가 없는데 말이다.

시인 '돌범'이란 생명의 본질, 우주의 원재原材, 불성佛性 같은 것이다. 거기에다 '관세음보살' 같은 이름을 마음대로 붙여도 된다. 어차피 이름은 상관없다. '돌'과 '범'은 원래 섞이지 않는 것이다. 악신 펜리스를 묶는 주술적인 포승 글라이프니르 역시 바로 이와 같은 재료로 만들어진 것이다. '돌범'과 같은, 완전히 비현실적인 기표는 우리 의식을 초월하는 존재를 나타낸다.

불교학도 스님은 여자들을 좀 좋아했던 모양이다. 관세음보살도 여성으로 상징되지만 진흙뱀도 결국 땅, 즉 여성이다. 그런데 그렇게 여성을 좋아하는 게 오히려 잘한 일 아닌가?

시인 '돌범'이라는 이름의 남성적 이성을 먹어버리는 것이 바로 —신화의 논리 차원에서—여성적인 요소 아닌가? 그런데 그 말을 하는 순간, '이름'을 붙이는 순간 그 말과 이름은 바로 거짓이 되어버리고 만다.

진흙뱀은 어머니인 땅,
돌범은 아버지인 푸른 하늘.
인생의 원기를 다 소진하고 결국 어머니 품으로 돌아오니,
그것이 인간의 마지막이자 영원한 행복 아닌가?

설소 법일 | 雪巢法一, 1084~1158 | 중국(송나라). 양양(襄陽, 지금의 후베이 성 샹양 시襄陽市) 출신으로, 속성은 이(李)씨. 임제종 승려. 자신을 '시골뜨기 중(村僧)'이라 했으며, 초당 선청(草堂善淸, 1057~1142)의 법제자다. 오랫동안 평전사(平田寺)의 주지를 지냈고, 뒤에 장로사(長蘆寺)의 주지가 되어 달라는 간곡한 부름이 있었으나 응하지 않다가 끝내는 주지직을 맡았다.

22

生也只恁麼
死也只恁麼
有偈與無偈
是甚麼熱大

…
삶이란 다만 이러하고
죽음도 다만 이러할 뿐,
게송이 있고 없고
그게 무슨 상관이 있는고?

恁 이같이 임

게송이 있고 없고

대혜 종고(大慧宗杲)

대혜 스님, 당신은 한 시대의 거목巨木이었다. 올바른 쪽이든 아니든 당신은 중국, 조선, 일본의 불교에 간화선看話禪을 본격적으로 도입시켜 그 모습을 크게 바꾸었다. 큰스님답게 당신은 "산은 산이요, 물은 물이요"를 반복하는 수준에 그치지 않고, 중생의 삶에 구체적으로 개입하곤 했다. 자칭 은둔자들은 그것이 자신을 더럽히는 일이라 하겠지만, 마음의 거울이 이미 녹아버렸다면 과연 어디를 쓸고 닦고 먼지를 치울 것인가? 나중에 만해 한용운韓龍雲도 그랬듯이, 큰 선승은 오히려 중생들의 자그마한 문제를 그냥 지나치지 않는 법이다.

금나라와의 관계가 문제였던 당시의 송나라에서 당신은 금나라에 항쟁하자는 일파의 선비들과 어울렸다가 간신들에게 모함을 당해 15년 동안이나 유배 생활을 했다. 스님 생활 자체도 속세로부터의 유배인데, 거기에다 좀더 '사서 고생을 한' 셈이다. 글쎄, 그래야 뭔가가 사무쳐 열매가 열리는 것 아닌가? 그걸 다 겪다 보니 당신에게 일종의 '여유'가 생겼다. 당신의 절에서 재齋 의식을 지휘하는 승려(이른바 유나維那)가 당신 말은 들지 않고 서로 분쟁하는 그 밑의 중들에게 명산 유람이나 하라고 이르고 잠만 실컷 잔다는 것을 알고는, "훌륭하다!"고 찬양하지 않았던가? 바로 그것이다. 큰 규율을 지키는 사람이라면 작은 규율에는 굳이 관심을 갖지 않아도 되는 경우가 있다. 당신의 그 위대한 '여유'는 이 임종게에서도 보인다. "게송이 있고 없고 그게 무슨 상관이 있는고?" 맞다, 별로 상관없다. 전할 것을, 당신은 이미 행동과 마음으로 다 전해놓았다.

불교학도 | 죽으면서 임종게를 쓰겠다는 욕망……, 그건 어떤 종류의 욕망일까? 실제로 뭘 원하는 것인가?

시인 | 있는 것을 있는 그대로 받아들여라, 별수가 없으니까. 그리고 임종게를 쓴다고 해서 과연 미지의 내세가 더 가까워지고 더 친숙해지는가? 그런데 이 시에서 보면, 우리 인생의 입구와 출구 사이는 그다지 멀지도 않은 것 같다…….

불교학도 | 임종게 대신에 한 번 웃거나 울어버리면 똑같은 것 아닐까? 왜 하필 시가 필요한가?

시인 | 임종의 순간에 갑자기 벌어져 열려 있는 것을, 어차피 그 어떤 말이나 몸짓으로도 묘사할 수 없다. 《에다》 서사시

에서는 이 세계가 창조되었을 때의 최초 공간을 '긴눙가가프 Ginnungagap'라고 한다. 그 공간을 통해 세계의 뿌리, 세계로 들어갈 입구, 이 세계를 구성하는 역설 등 세계의 근본 요소들을 다 볼 수 있다. 임종 순간에도 모든 세계의 뿌리가 보인다. 그런데 이걸 전하는 데는 말도, 그 어떤 표현 방식도 다 무력하다.

큰 규율을 지키는 사람이라면
작은 규율에는 굳이 관심을 갖지 않아도 된다.
게송이 있고 없고 그게 무슨 상관인가?

대혜 종고 | 大慧宗杲, 1089~1163 | 중국(송나라). 선주(宣州, 지금의 안후이 성) 영국현(寧國縣) 출신. 속성은 해(奚)씨. 13세에 향교에 들어가 유학을 배우다가 16세에 동산(東山) 혜운사(慧雲寺) 혜제(慧齊) 선사에게 출가 삭발하고, 17세에 구족계(具足戒)를 받았다. 임제종 양기파 승려였으며, 경쟁 종파인 조동종의 묵조선(默照禪)에 대해서는 극단적으로 배타적인 자세를 나타내곤 했다. 간화선(看話禪)을 체계화해 오로지 화두(話頭)를 잡아 붙들되 일상생활을 하면서 순간순간 계속 화두를 참구하는 것을 유일무이한 수행법으로 권했으며, 당대의 주요 정치인들과도 넓은 관계망을 이루었다. 승상(丞相) 여순도(呂舜徒)의 청으로 불일(佛日)이라는 호를 받았으나, 나중에 재상 장준(張浚, 1097~1164)과 함께 금나라에 대한 지속적인 항쟁을 주장해 도첩을 박탈당한 뒤 유배되기도 했다. 불교 승려였지만, '충군애국' 등 유교적인 가치를 늘 강조했다. 그의 간화선이라든가 정치 참여 유형 등은 한국 불교 역사에 지대한 영향을 끼쳤다.

23

一笑由來別有因
那知大塊不容塵
從茲收拾娘生足
鐵橛花開不待春

...
내가 한 번 웃음에 본디 까닭 있나니
천지가 이 더러운 몸 받아들이지 않을 줄야 어찌 알았으랴.
어머니 낳아준 발을 거두나니
무쇠막대기 꽃이 핌은 봄 아니어도 좋으리라.

봄 아니어도 좋으리라

달관 진가(達觀眞可)

평생 염불하면서 살려고 했던 억불정책 시대의 불행한 행자 달관 스님……. 확실히 이 땅은 당신을 받아들이려 하지 않았던 것 같다. 임진왜란과 그 후유증으로 시끄럽고 아팠던 그 시절에 당신은 누군가에게 모함을 당해 하옥下獄되고 말았다. 이 시도 옥에서 쓰고 돌아가신 것이다. 보통 사람 같으면 특히 권력자들의 횡포에 분노하기 쉬운데, 당신은 말 그대로 이 일을 '한 웃음'에 부치려고 노력했다. 웃으면서 저승으로 지나가 버린 것이다. 저들 때문에 당신의 명보다 일찍 가신 셈이지만, 스님의 말로는 무쇠막대기에 꽃이 피는 것은 제철이 아니라도 좋다는 것 아닌가? 어차피 필 것은 피었으니 업業으로, 연緣으로 수용하고 가신 것이다.

글쎄, 이와 같은 태도는 나도 배우고 싶다. 분노하는 마음이 생기지 않으면, 오히려 상대에게 훨씬 더 효과적으로 '쿨하게' 맞설 수 있기 때문이다. 그런데 마음은 그렇다 해도, 세상 돌아가는 모습을 보노라면 하루에도 몇 번이나 분노를 느낀다.

불교학도 | 그러면 좋은 불자가 되어서 한 스님이 하옥되었다가 무고하게 빨리 돌아가신 걸 다 숙업의 인연이라고 용서해야 하는가? 잔혹한 국가를 용서하는 것이 진정 불교인가?

시인 | '어머니 낳아준 발', 이 말은 결국 잔혹한 국가의 형리들에게도 적용된다. 그들의 발도 여자가 낳아준 것이다. 잔혹한 국가의 형리들은 벌을 받아야 마땅하지만, 죽는 벌이면 안 된다. 그렇다면 우리도 우리 자신을 버리는 것이다. 용서의 미소는 확실히 기회다.

불교학도 | 그렇다면 옥리獄吏의 얼굴에서도 관세음보살의 진영을 봐야 하는가? 그게 불교인가?

시인 | 국가는 불교적일 수도 없고, 그 어떤 종교 또는 도덕과도 직결돼 있지 않다. 돌이 종교를 믿을 수 없듯, 국가도 종교적인 도덕 등을 따를 수 없다. 그런데 우리는 우리의 구심점 역할을 할 또 다른 모양의 '돌', 어떤 도덕적 중심축을 필요로 한다. 각자는 그 '돌'을 저마다의 시각으로 구할 것이다. 춘궁기에 나무껍질에 칼자국을 남기는 일과 같은 것이다. 그 '돌'이 구해지면 옥리 마음속에 있는 관세음보살도 만인에게 훤히 보일 것이다.

권력자들의 횡포도 '한 웃음'에 부치고
저승으로 지나가 버린다.
어차피 필 것은 피었으니
업으로, 연으로 수용하셨도다.

달관 진가 | 達觀眞可, 1543~1603 | 중국(명나라). 오강(吳江, 지금의 장쑤 성江蘇省)
사람. 속성은 심(沈)씨고, 달관(達觀)은 자, 호는 자백노인(紫柏老人)이다. 성격이 뛰어
나게 용맹했으며, 젊어서부터 유협(遊俠)을 좋아했다. 17세 때 호구 명각(虎邱明覺)에
의지해서 출가했다. 20세 때 구족계를 받고, 무당(武塘) 경덕사(景德寺)에 들어가 3년 동
안 문을 걸어 잠근 채 수행했다. 그 뒤 기한이 차서 전국을 떠돌다가, 우연히 오대(五臺)
참일 노숙(參一老宿)에게서 깨달음을 얻었다. 이로부터 전국을 거침없이 다니며 사람들
로부터 많은 존경을 받았다. 불교 승려면서도 유교적인 가치를 수용하자고 주장했으며,
경산대장경(徑山大藏經) 및 《대명전등록(大明傳燈錄)》 편찬 작업에 관여했다. 조정 환
관들과의 정치적인 갈등에 휘말려 투옥되었다가 옥중에서 사망했다. 선종이 쇠퇴한 명
나라 시대의 대표적인 고승이다.

24

本無生滅
焉有去來
氷河發焰
鐵樹華開

...
본래 나고 죽음이 없는데
어찌 가고 옴이 있으리오?
빙하에서 불길이 막 솟고
무쇠나무에서 꽃이 피네.

무쇠나무에서 꽃이 피네

원수 행단(元叟行端)

몽골인의 지배 아래 살면서 당신은 배외파排外派인 대혜 스님의 선풍을 드높이려고 온갖 노력을 다해왔다. 결코 쉬운 노릇은 아니었을 것이다. 피를 많이 흘리는 시대와 어울리게끔 당신의 선禪은 말 그대로 백척간두 맨 끝 최후 결단의 그것이다. 화두를 깨치느냐 마느냐는 사느냐 죽느냐의 의미를 갖는, 실존적인 선이라고 할까? 빙하 밑에서 갑자기 화염이 솟아오르듯이, 당신의 선은 일상의 지겨움과 즐거움을 한 칼에 잘라버린다. 오직 하나, "이게 뭐꼬?"다. 그리고 일이 끝나고 나면 무쇠나무에서 꽃이 피는 걸 볼 수 있다…….

불교학도 : 그 순간, 바라고 바라는 그 순간이 온다면 빙하처럼 얼어버리는 것 같은 느낌인가? 아니면 화염이 번지듯 불에서 타는 듯한 느낌인가? 어떻게 비교하는 것이 좋을까?

시인 : 우리는 모두 서로서로 얽혀 있다. 그럼에도 우리에게 어떤 일이 일어나는지 우리가 이해할 수 없다. 그 순간에 느끼는 것을 타자에게 전한다는 것은 어떤 언표言表로도 불가능할 것이다.

불교학도 "어찌 가고 옴이 있으리오?"라는 말은 아주 재미난 질문이다. 그러면 그 순간에 그것마저 다 이해해버리는 것인가?

시인 우리는 그 순간에 인생의 어떤 핵심을 찾아낸다. 그래서 어떻게 오고 가는지를 이해하고, 이 왕래 과정을 그냥 그대로 둔다.

사느냐 죽느냐,
화두를 깨치느냐 마느냐,
이는 실존적인 선이로다!

원수 행단 | 元叟行端, 1255~1341 | 중국(원나라). 임해(臨海, 지금의 저장 성) 사람이
고, 속성은 하(何)씨이며, 자는 원수(元叟) 또는 경원(景元). 자신을 한습리인(寒拾里人)
이라 일컬었다. 대대로 유가(儒家) 집안이었으며, 11세 때 여항(餘杭) 화성원(化城院)에
서 출가했다. 중천축사(中天竺寺)를 맡았다가 영은사(靈隱寺)로 옮겼고, 나중에 경산(徑
山)에 있으면서 대호지사(大護持師)로 20년을 지냈다. 시를 잘 지었다.

25

生也一陣淸風起
滅去澄潭月影沈
生滅去來無罣碍
示衆生體唯眞人

...
태어남이란 한 줄기 맑은 바람 일어나는 것이고,
죽음이란 달그림자가 맑은 못에 잠기는 것이다.
나고 죽고 오고 감에 걸림이 없으니
중생들에게 몸 보인 건 오직 참사람이다.

罣 걸 괘

오직 참사람

나옹 혜근(懶翁惠勤)

나옹 스님, 당신은 20세에 친구의 죽음을 보고 속세를 떠났다. 물같이, 바람같이 살려고 했지만, 천보산의 회암사檜巖寺에서 일본 스님에게 깨달음을 얻고 원나라에서 인도의 지공指空 스님에게 배우는 등 스님 같은 '국경 없는 인재'들을 국가가 가만두지 않고 자꾸 붙잡아 일을 시켰다. 대대로 관료로 업을 이은 가정의 업보인지 모르지만, 당신도 이에 그렇게까지 저항하려 하지 않았다. 어차피 끝에 가면 '무無'라는 아름다운 못에서 달그림자가 사라질 것을 시시각각 느꼈기 때문일 것이다.

회암사라는 당신의 생가 같은 절을 크게 일으키고, 신륵사에서 모여드는 보살들에게 설법해 스타 대접을 받느라 당신은 늘 정신이 없었다. 그래도, 그 정신없는 가운데서도 당신 속의 '참된 인간'은 그저 웃으면서 달의 그림자만 보고 있었을지도 모른다. 좌우간 스승인 지공 스님의 입적 소식을 1372년에 듣고 이 게송을 읊은 것으로 봐서는, 얼굴로 한 줄기 맑은 바람을 맞으면서 연못에 걸린 달그림자가 점차 꺼져가고 있음을 늘 담담하게 지켜본 듯한 느낌이 든다. 지공 스님이 간 뒤 몇 년 지나지 않아 당신도 바람처럼 가고 말았다.

불교학도 | 그게 가능한가? 고관현작을 다 거치면서 이 세상 전체가 단지 맑은 물에 보이는 달그림자에 불과하다는 것을 이해하는 '내심'을 그대로 보유한다는 것이?

시인 | 스님의 방은 환기가 잘 되었다. 죽음은 그림자일 뿐, 걸림이란 없다. 그러면 이제 문제점이란 없다고 봐야 하는가? 그가 단지 직업적인 의무로, 바른 마음으로 인연이 시킨 일에 매달렸다면, 왜 문제가 되어야 하는가?

불교학도 | 태어날 때 정말 맑은 바람이라도 일어나는가? 나는 인간의 탄생을 대단히 슬픈 일로 생각하는데…….

시인 | 스칸디나비아 신화에도 나오는 모티프지만, 옛 세상이 망하고 나면 그다음에 또다시 새 세상이 우주의 바다로부터 생겨난다. 환생의 불가피성이란 슬픈 일이라면 슬픈 일이겠다. 우리는 아쉽게도 영원히 우리 길의 끝에 도달할 수 없다.

얼굴로 한 줄기 맑은 바람을 맞으면서
연못에 걸린 달그림자가 점차 사라져감을
늘 담담하게 지켜보던
당신 속의 참사람.

나옹 혜근 | 懶翁惠勤, 1320~1376 | 한국(고려 시대). 임제종 승려. 속명은 아원혜(牙元惠), 호는 나옹(懶翁) 또는 강월헌(江月軒), 법명은 혜근(惠勤) 또는 혜근(彗勤). 아버지는 선관서영(善官署令) 서구(瑞具)다. 중국의 지공(指空)·평산 처림(平山處林)에게 인가를 받고 무학(無學)에게 법을 전해, 조선 시대 불교의 기초를 놓았다. 20세 때 친구의 죽음을 보고 공덕산 묘적암(妙寂庵)에 있는 요연(了然) 선사에게 출가했다. 1347년 원나라에 건너가 연경(燕京, 지금의 베이징北京) 법원사(法源寺)에서 인도 승려 지공의 지도를 받으며 4년 동안 지냈고, 그 뒤 또다시 자선사(慈禪寺)의 평산 처림을 찾아가 같이 공부하고 그의 법을 이었다. 원나라의 사찰 주지직 제안을 거절하고 1358년에 귀국했으며, 이후 공민왕의 외호를 받아 회암사 등의 주지를 맡았다. 여주 신륵사에서 입적했다. 왕권과 깊은 관계에 있던 그는 전통적인 간화선을 고려에 옮겨 심은 인물 중 한 명으로 평가된다. 시호는 선각(禪覺)이다.

26

妄認諸緣稀七年
窓蜂事業摠茫然
忽登彼岸騰騰運
始覺浮漚海上圓

...

각종 인연 잘못 알고 지금껏 살아온 77년이여!
창가에 부딪치는 벌처럼 해온 일도 다 덧없어라.
훨훨 털고 문득 저쪽 강가 언덕 올라가면서
비로소 바다 위에 거품인 줄 이제야 알았네.

漚 거품 구

바다 위 거품처럼

범해 각안(梵海覺岸)

글쎄, 다른 건 몰라도 당신이 해온 일이 많긴 많았다. 수십 년 동안 불교계의 명강사로 《화엄경》부터 선禪까지 '부처님의 말씀'이라면 다 가르치지 않았던가? 거기에다 염불도 잘하시고, 의례에도 밝고, 《동사열전東師列傳》 같은 상당한 고승열전도 쓰시고……. 범해 스님처럼 부지런한 분은 찾아보기 힘들 정도다. 벌처럼 부지런했다고나 할까? 벌이 활짝 열린 창문을 두고 하필이면 닫힌 창문에 덧없이 부딪히는 게 문제긴 문제다. 부지런함의 극치는 헛수고를 위한 헛수고라고 할 수 없을까? 그런데 '의미 있는' 부지런함이라 해도 이제 저쪽 언덕에서 내려다볼 때 게으름과 거의 똑같이 보일 것이다. 마치 하나의 자그마한 점처럼. 그리고 조금 더 올라가면 아예 아무것도 보이지 않을 것이다. 거품도 바다도 보이지 않는다. 각종 잘못 꼬인 인연들이 그렇게 해서 풀리고, 당신은 훨훨 털고 모든 것을 다 벗어나는 것이다.

불교학도 ┊ 창밖 벌들의 시끄러운 소리, 희락의 우리 생에 그래도 어떤 아름다움이 있는가? 아니면 그저 무의미하기만 한가?

시인 | 범해 스님은 벌 소리를 그다지 좋게 보시는 것 같지 않은데, 벌 소리가 너무 시끄러우면 대부분 그냥 도망가고 만다. 문제는 도망가면서 저쪽 강가 언덕에 올라갈 수 있느냐 없느냐다.

불교학도 | 돌아가신 그분은 정말로 저쪽 강가 언덕에 올라갔을까? 아니면 그냥 일종의 소망을 담은 생각인가?

시인 | 강의 어느 쪽에 있든 가장 중요한 것은 구체적으로 나 자신을 어디에 위치시키느냐다. 그리고 내가 서 있는 그 자리에서 무엇을 보는가, 또 왜 하필이면 이렇게 보는가, 즉 자신의 시각에 대한 반성 능력이다.

이제 저쪽 언덕에서 내려다볼 때
게으름과 부지런함은 거의 똑같다.
마치 하나의 자그마한 점처럼.
잘못 꼬인 인연들은 그렇게 풀리고,
훨훨 털고 모든 것을 다 벗어난다.

범해 각안 | 梵海覺岸, 1820~1896 | 한국(조선 시대). 선승(禪僧). 속성은 최씨. 법호는 범해(梵海), 자는 환여(幻如), 자호는 두륜산인구계(頭輪山人九階). 각안은 법명이다. 아버지는 쇠락한 선비 가문 출신의 최철(崔徹)이며, 전라남도 완도에서 태어났다. 1833년(순조 33) 두륜산 대둔사(大芚寺)에서 출가했고, 1835년 호의(縞衣)를 은사로 삼고 하의(荷衣)에게서 사미계를 받았으며, 초의(草衣)로부터 구족계를 받았다. 그 뒤 호의·하의 · 초의·문암(聞庵)·운거(雲居)·응화(應化) 법사에게서 불법을 배웠고, 이병원(李炳元)에게서 유서(儒書)를 배웠다. 조선 후기의 유명한 강백(講伯) 중 한 사람이었다. 출가 사찰인 대둔사에서 후학들을 지도하다 입적했다. 저서로는 고승전인《동사열전(東師列傳)》을 비롯해 수많은 책을 남겼다.

27

年滿七十七
無常在今日
日輪正當午
兩手攀屈膝

…

일흔일곱 나이 차니
무상無常을 오늘 알았다.
그래서 붉은 덩이가 중천에 뜬 정오에
양손으로 세운 무릎을 휘어잡고 오른다.

攀 더위잡을 반

무릎을 휘어잡고 산을 오르다

앙산 혜적(仰山慧寂)

앙산 스님에 관한 참 좋은 이야기가 있다. 스님의 스승 중 한 사람인 진원眞源이 한번은 그에게 98개의 동그라미 그림을 주면서 "그것이 우리 선맥禪脈의 보배이니 잘 간직하라"고 부촉咐囑했다. 동그라미란 깨달음의 상징인데, 이 귀한 상징물을 내려준 것은 제자로 인정했다는 이야기나 마찬가지다. 그때 앙산이 어떻게 한 것 같은가? 그냥 한 번 보고 태워버렸다. 스승이 왜 그런 만행을 저질렀냐고 따지자, "보고 깨달았으면 됐지 집착하면 좋을 게 뭐가 있습니까?"라고 되물었다. 그 스승 역시 진정한 선승禪僧인지라 그 자리에서 제자의 깨달음을 인정해주었다.

이 이야기를 들어보면 깨달음이 뭔지 단박에 알 수 있지 않는가? 스승이 하라는 대로 하지 않고 나의 (깨달은) 마음대로, 나의 깬 정신대로 하는 것이야말로, 그리고 (좋은 의미에서) 스승을 매장시키는 것이야말로 깨달음이다. 앙산 스님의 마지막 깨달음은 세상의 완전한 무상함을 이해하게 된 죽는 날에 이루어졌겠지만, 그는 그 전에도 꽤 오랫동안 양손으로 무릎을 휘어잡고 산을 꾸준히 오르고 있었던 셈이다.

불교학도 | 그러면 평생 오르려고 발버둥쳐야 하는가? 그저 평야도 산도 잊고 올라가려는 노력도 하지 않으면서 저쪽 강가를 마음속에 간직하면 안 될까?

시인 | 손을 무릎에 얹어놓고 가만히 있으면서 계속 올라갈 수도 있다. 거리를 두지 않고, 그러고는 가지도 않고 계속 머물지도 않는 그 뭔가를 마음에 늘 간직하면 된다. 빛을 설명해주는 것은 바로 그 그림자다.

불교학도 | 정말 77세까지 살아야 하는가? 같은 목표를 더 짧은 기간에 달성하고 빨리 가는 게 낫지 않은가?

시인 | 몇 살이라는 수명보다는 당신이 달성한 부분이 계속 존속되는 것, 즉 깨달음이 흐트러지지 않는 것이 제일 중요하다. '볼바'라는 여신은 그 무덤에서 자면서 이미 진행되어가는 일도, 아직 일어나지 않은 일들도 두루 다 보고 있다. 그러니까 현실적인 인생이 끝났다고 해도, 꼭 다 끝난 것은 아니다.

스승이 하라는 대로 하지 않고
나의 마음대로 하는 것이야말로,
그리고 스승을 매장시키는 것이야말로
깨달음이다.

앙산 혜적 | 仰山慧寂, 803~887 | 중국(당나라). 홍주종(洪州宗) 출신의 선승(禪僧). 속성은 섭(葉)씨. 광동성(廣東省) 출신. 시호는 지통(智通) 선사. 마조도일(馬祖道一, 709~788) 문하에서 나온 위산 영우(潙山靈祐) 밑에서 십수 년간 공부해 그 법(法)을 이어받고, 후에 강서(江西)의 원주 앙산(袁州仰山)을 중심으로 그 법을 널리 떨쳤다. 따라서 이 계통의 선종(禪宗)을 '위산'과 '앙산'에서 따 '위앙종(潙仰宗)'이라고 한다. 위산 영우가 창시한 위앙종은 당나라의 황제 무종(武宗, 재위 840~846)이 행한 불교 탄압인 '회창폐불(會昌廢佛)'을 계기로 부흥한 선종오가(禪宗五家) 가운데 최초로 성립된 종파다. 송나라에 접어들어 결국 임제종에 통폐합되었다.

28

初世と末期と一等同商量
誰か知らん期の苦味
閻王と共に商量するに足らん

…
인생의 시작과 끝은 본디 같네.
그간 그 쓴맛을 누가 알리오?
염라대왕과 같이 생각하면 되네.

인생의 쓴맛

독원 승주(獨園承珠)

독원 스님, 당신에게 '쓴맛'이란 참 좋은 교수 수단이었다. 한 번은 잘난 제자가 찾아와서 "세상에 부처도, 몸도, 마음도, 스승도, 제자도 아무것도 없다. 다 비어 있다. 실재란 없다"라고 어느 책에선가 배운 이야기를 꺼내며 그 지식을 과시하자, 그대는 별 말 없이 그 제자를 죽비로 마구 내리쳤다. 제자가 충격과 통증으로 고함을 지르자, 그에게 "아무것도 실재하는 것이 없다면 아픔이란 어디서 오는가? 한번 잘 생각해봐라"라고 했다. 말하자면 머릿속에만 있는 것을 마음으로 증명해보라는 가르침이었다.

부처님의 말대로 다른 건 다 없어도 통증, 고통이란 분명히 존재한다. 적어도 몸을 타고난 우리 중생들에게는 말이다. 어쩌면 통증만이 세상의 진리라고 해도 말이 된다. 우리는 다들 아프다. 게다가 계급사회의 구조가 많은 사람에게 어쩔 수 없는 생로병사의 아픔 이상으로 많은 아픔을 추가시키니, 아픔은 정말 우리 삶의 핵심 코드다. 쓴 약을 마시고 깨달음의 맛을 느낄 만한 위인이라면, 그이가 바로 불자요 제대로 된 수행자다.

불교학도 | 염라대왕을 들먹이는데, 굳이 우리 세상과 따로 있는 지옥을 생각할 필요가 있을까? 나는 지금 여기가 지옥이라고 본다. 대한민국은 그중에서도 무간지옥無間地獄에 해당한다.

시인 | 시작과 끝은 한 맛이고, 그게 쓴맛이다. 당신 말대로 이는 지옥일 것이다. 그런데 지옥은 꼭 악하지 않다. 지옥은 지止, 정체일 뿐이다. 만일 그걸 바로 본다면 벌써 움직임이 생기고, 지옥은 더 이상 그 지옥이 아닐 것이다. 세상이 바뀌지 않아도 당신의 생각이 바뀔 것이고, 당신은 당신의 길을 가면서 더 많은 것을 체득할 것이며, 결국 많은 것을 바꿀 수 있다.

불교학도 | 인생의 쓴맛, 이걸 맛보지 않은 이는 없을 것이다. 그런데 맛을 보고도 왜 다들 깨닫지 못하는가?

시인 | 우리가 갈 길이 어느 정도 먼가를 실감하려면 꼭 쓴맛을 봐야 한다. 아니면 염라대왕에게 묻든지. 그런데 우리가 갈 길이 너무나 멀다는 것을 실감해도, 그 길을 꼭 위에서 조감할 수 있는 것은 결코 아니다.

쓴 약을 마시고
깨달음의 맛을 느낄 만한 위인이라면,
그이가 바로 불자요, 제대로 된 수행자다.

독원 승주 | 獨園承珠, 도쿠온 쇼주, 1819~1895 | 일본(도쿠가와 시대, 메이지明治 시대). 임제종 고승. 휘(諱)는 승주(承珠), 자(字)는 독원(獨園), 호(號)는 퇴경암(退耕庵) 이다. 지금의 오카야마 현 다마노 시 출신. 13세에 출가했으며, 불교 외에 유학도 공부했 다. 교토의 쇼코쿠지(相國寺) 주지를 지냈으며, 메이지 유신 이후의 반(反)불교 캠페인 (폐불훼석) 시절에 불교와 신도의 통합을 극구 반대하면서 종교의 자유를 주장한 것으 로 유명하다.

29

我不離汝
汝不離我
汝我未生前
未審是甚麼

...
나는 너를 떠나지 않고
너는 나를 떠나지 않는다.
너와 내가 생겨나기 전에
도대체 이것이 무엇인고?

너와 내가 생겨나기 전에

만공 월면(滿空月面)

만공 스님, 당신은 이 시끄러운 곳을 떠나기 전에 마지막으로 거울을 보면서 "자네, 나와 이별할 때가 됐네 그래"라고 하지 않았던가? '자네'는 무엇이고 '나'는 무엇인가? '자네'는 몸이고 '나'는 마음, 즉 식識인가? 나의 몸을 '나' 아닌 '타자'로 본다는 것은 정말 깨달은 이의 지혜. 흔히 중생들은 이 몸뚱이가 바로 '나'라고 오해하는데 말이다. 하여간 당신은 갈 때에 잘 갔다. 시자인 원담 스님에게 "더 살면 험악한 꼴을 볼 것이니 올해 10월 스무 날쯤 가는 게 좋겠다"고 하고 갔다면서? 잘하신 것이다. 왜적들에게 우리가 당하는 꼴을 보면서는 의분이라도 느낄 수 있었겠지만, 이승만 치하와 동족상잔의 비극을 봤다면 인간에 대한 혐오 말고 뭘 더 느낄 수 있었겠는가? '남'보다 '우리'의 주먹이 때릴 때 더 아픈 법이다.

참, 주먹에 관한 이야기가 있다. 1930년대 암울한 시절에 총독 미나미가 당신을 포함한 조선의 주지 스님들을 모아놓고 무슨 망할 놈의 '불교 진흥 계획'을 떠들자 당신이 분연히 일어나 "지옥에나 갈 놈, 집어치워라! 왜 종교와 정치를 분리하지 못하느냐?"라고 일갈하지 않았던가? 그 통쾌한 일이 있은 뒤 만해 스님이 축하하려고 찾아와서 총독을 주장자拄杖子로 한 번 내려치지 않은 이유를 묻자, "미련한 곰은 방망이를 쓰지만 큰 사자는 원래 할喝(위엄 있게 꾸짖는 소리)을 하는 법"이라고 한 수 가르치지 않았던가? 맞는 말이다. 주먹질을 배워 지옥 갈 일이 뭐가 있겠는가? 일갈로 깨달음을 주어 그래도 가끔은 생각할 줄 아는 인간으로 만드는 게 부처님의 자비스러운 법이다.

불교학도 "나는 너와 다르지 않다. 우리는 아직도 이별하지 않았다." '나'와 '너'는 결국 공동의 업을 지고 있는데, 이것은 지극히 자연스러운 일이다. 그런데 이를 직시해 '나'와 '남'이 따로 없다는 사실을 아는 사람은 왜 그렇게 소수일까?

시인 '나'와 '타자', 즉 우리를 헤어지지 못하게 하는 인연을 좀 더 잘 살펴야 하지 않을까? 스칸디나비아 신화에서 에시르라는 신들이 가끔 창세의 신인 요툰 신들과 혼돈 등을 없애려 해도, 세계의 뿌리에 속하는 그들은 쉽게 없어지지 않는다. 그들이 없어진다면 세계가 통째로 망한다. 그만큼 전체를 위해 타자의 존재가 핵심적이고, 그만큼 '타자'와 '나'는 숙명적으로 묶여 있다.

불교학도 : 우리로 하여금 다시 태어나게끔 하는 그 훈습된 욕망, 그 업장業障이란 과연 어떤 것인가?

시인 : 가령 우리가 소유한 모든 것을 잃어도, 우리 안에 들어 있는 것들은 거기에 그대로 남아 있다. 우리 내면에 있는 훈습된 부분들은 그냥 그대로 받아들여야 한다. 이 부분들을 바로 보자면 우리는 자신을 상대화시켜 우리 욕망의 존재를 받아들이고, 우리 내면의 자리를 지키는 것부터 먼저 배워야 한다. 이런 노력은 바로 우리를 '인간'으로 만든 그 힘의 잔영殘影일 것이다.

전체가 조화를 이루려면
타자의 존재가 핵심적이며,
그만큼 '타자'와 '나'는 숙명적으로 묶여 있다.

만공 월면 | 滿空月面, 1871~1946 | 한국(조선 말기, 일제 강점기). 선승(禪僧). 속성은 송(宋)씨, 속명은 도암(道岩), 법명은 월면, 법호는 만공. 전북 정읍에서 태어났으며, 13세 때 출가해 경허 성우(鏡虛惺牛, 1849~1912)의 수제자 중 한 사람으로서 무애행과 많은 일화를 남겼다. 일제 때는 만해 한용운(韓龍雲)과 친하게 지내며 서울에서 선학원(禪學院) 설립 운동을 전개했다. 일제 강점기에 총독부 권력자들과의 유착 관계를 최대한 피하고, 미나미 지로(南次郎) 총독(재임 1936~1942)에게 면전에서 항의하며 큰 소리로 꾸짖은 것으로 유명하다. 덕숭산 정혜사(定慧寺), 금강산 유점사(楡岾寺), 태화산 마곡사(麻谷寺) 등지에서 선풍을 크게 떨쳤으며, 많은 제자를 길러냈다.

30

來時空索索
去也赤條條
更要問端的
天台有石橋

...

올 때는 빈손으로 왔다가
갈 때도 알몸으로 가리라.
다시 이 밖의 사실을 묻는다면
천태산에 돌다리 있다 하리라.

천태산 돌다리

무준 사범(無準師範)

빈손으로 왔다고? 천만의 말씀이다! 당신은 올 때 참 명석한 두뇌를 갖고 왔다. 아홉 살에 출가해 공부하면서 한 번 읽은 것은 단박에 다 외운 분이라면서? 당신처럼 똑똑한 사람이 잘못하면 알음알이, 지식에만 의존하며 평생을 헛된 꿈속에서 보낼 수도 있는데, 당신은 운 좋게 승려가 되어서 그 위험을 피했다. 잘된 일이다. 머리도 좋지만 머리만으로 천태산에 있는 돌다리를 깨뜨릴 수는 없다. 그러다 머리가 깨지거든.

바람이 불면 물 위에 무늬가 일어났다가 사라진다는 도담(道談)을 들은 당신이 결국 똥을 누면서 깨달음을 얻었다는 이야기는 참 의미심장하다. 사실 우리의 머릿속에는 배 안에 든 똥처럼 온갖 필요 없는 지식과 욕망, 아집 또는 잡념이 가득 들어 있다. 그래서 화장실 이상으로 악취 나는 게 일반인의 머릿속이다! 머릿속에 가득 찬 온갖 상념, 다 한번 시원하게 누어버려라! 나중에 올 때처럼 알몸으로 가게.

불교학도 : 우리를 태어나게 한 그 힘, 또는 부처나 하느님을 생

각할 때 꼭 나 자신이 발가벗은 모습이란 생각이 든다. 왜 그럴까? 왜 발가벗지 않으면 신과 대화를 하지 못하는가?

시인 | 우리가 실제로 잘 모르는 외부 세계와 우리를 연결시켜주는 것은 과연 무엇인가? 우리가 우리의 무지와 무력을 직감할 때 느끼는 쓴맛일 것이다. 외부 세계 앞에서 느끼는 무력감은 우리 본연의 자세고, 우리는 신이나 부처를 대면할 때 그 본연의 자세로 돌아와서 발가벗은, 가식 없는 모습이 된다. 무력함의 상당 부분은 어쩔 수 없는 인간의 무지일 것이다. 그러니까 우리보다 조금 더 잘 아는, 어떤 깨달음을 얻은 이들은 통상 우리를 보고 '눈뜬 장님'이라고들 한다.

불교학도 | 신이나 부처와 대화를 하는 것도 어려운 일이지만, 중생으로서 지난한 일이란 결국 발가벗은 모습으로 돌아갈 것이라는 사실을 이해하는 일이다. 즉 '나'의 모든 성취는 다 물거품이라는 사실을 이해하고, 빈손으로 간다는 진리를 받아들이는 일이다. 그게 왜 그렇게 어려울까? 당연한 일인데 말이다.

시인 | 다들 인생에 대한 확답을 들으려는 욕망으로 가득 차 있다. 그 욕망을 내려놓고 그저 천태산의 돌다리나 보게!

머릿속에 든
온갖 필요 없는 지식, 욕망, 아집…….
다 한번 시원하게 누어버려라!
나중에 올 때처럼 알몸으로 가게.

무준 사범 | 無準師範, 1178~1249 | 중국(송나라). 임제종 양기파 승려. 속성은 옹(雍)씨. 촉(蜀) 지방(지금의 쓰촨 성四川省) 재동(梓潼) 출신. 9세에 출가해 각지를 돌아다니며 좌선 수행한 뒤 영은사(靈隱寺)에서 파암 조선(破庵祖先)의 법을 계승했다. 그 뒤 오랫동안 항주(杭州)의 경산(徑山)에서 주석했으며, 송나라의 황제 이종(理宗, 재위 1225~1264)의 후원을 받았다. 무학 조원, 원이 변원의 스승으로, 일본에서 임제종이 발전하는 데 크게 기여한 것으로 평가된다. 유교적 가치를 수용하는 입장에서 국가와의 유착 관계를 당연시한 것으로 보인다.

31

當陽一句
更無回互
月落寒潭
烟迷古渡

…
분명한 이 한 글귀여,
인제 머뭇거림 없네.
차가운 연못에 달이 떨어져
옛 나루터는 저녁노을 속에 안 보이네.

옛 나루터 보이지 않네

석창 법공(石窓法恭)

석창 스님, 당신의 삶에서도 머뭇거림은 별로 없었다. 그 유명한 굉지 정각宏智正覺 스님에게서 조동종의 교리를 깨친 뒤에 그 한 길로만 열심히 갔으며, 제자도 오로지 그 길로만 이끌었다. 결의決疑, 즉 결단을 저해하는 모든 의심 덩어리들을 떨쳐내는 것이 불교의 중요한 수행법 중 하나인데, 당신에게는 그러한 결단력이 흘러넘쳤던 것 같다. 의심이 없다는 것, 오로지 이 길만이 옳다고 믿는 것은 위대한 예술이나 문학을 배태시킬 수 있는 토양은 아니지만, 어쩌면 행복한 인생의 기반이 될지도 모른다. 의심이 없으니 보통 사람들보다 겁도 없다는 얘긴데, 그게 우리가 안아야 할 인생의 고통들을 많이 덜어주는 일이다. 또 인생의 고통이 막중하기에 참 중요한 일이기도 하다.

옛 나루터, 옛날에 '나'를 배태시킨 다른 세상으로 다시 흘러가는 길이란 미지未知, 무지無智의 안개 속에서 잘 보이지 않기에 겁이 생기고, 그 겁을 이겨내기 위해서는 결의가 꼭 필요하다. 그래야 옛 고향으로 돌아가는 길에 연못에 떨어진 달그림자를 가벼운 마음으로 보면서 웃을 수 있다.

불교학도 한 가지 이해할 수 없는 일은, 옛 나루터 바깥의 안개를 마시고 좋아하는 인간들이 왜 이리도 많은가다. 영양가도 없는데 말이다.

시인 이 시 같은 경우에 그 의미란, 더 이상의 시가 나올 수 없다는 것이다. 욕망의 창고가 비고 내면이 가득 채워진 시인은 멀리멀리 흘러나간다. 그러면서 마지막 시를 썼는데, 이것 역시 옛 고향에 대한 예감으로 가득 차 있다. 공空의 영역으로 갈 때 마음 역시 공空으로 채워지지 않으면 또 몇 차례에 걸쳐서 돌아오게 된다. 그런데 많은 사람이 욕망의 창고를 미리 비우지 못한다. 그래서 옛 나루터를 보지 못하고 안개만 잔뜩 마시는 것이다.

불교학도 그걸 진짜로 믿는가? 더 이상 머뭇거림이 없어지는 그 순간이 온다는 것을?

시인 승려 등의 수행자가 대오大悟를 이룰 때, 더 이상 이 세상에 오지 않게 되거나 자신이 서 있는 위치를 적어도 올바르게 이해한다. 그런데 깨닫지 못하고 머뭇거림이 없는 경지에 온 척만 하는 사람들 같으면, 안개 속에서 몇 번이나 다시 태어나야 할 것이다.

미지未知와 무지無知의 안개 속에서
잘 보이지 않기에 겁이 생긴다.
그 겁을 이겨내기 위해서는 결의가 필요하다.
그래야 연못에 떨어진 달그림자를 보면서
고향으로 돌아갈 수 있다.

석창 법공 | 石窓法恭, 1102~1181 | 중국(송나라). 조동종 고승. 여러 스승을 찾아가 뵙고 오랫동안 황룡 법충(黃龍法忠, 1084~1149)에게 의지하다가, 그 뒤로는 굉지 정각 (宏智正覺, 1091~1157)에게 귀의했다. 굉지 정각 문하에서 공부하고 뒤에 월주(越州) 보은사(報恩寺)의 주지가 되었으며, 이후 서암사(瑞巖寺)로 옮겨 주지 소임을 맡았다. 문하에 철백두(徹白頭: 요당 사철了堂思徹) 등 여러 뛰어난 승려가 있었다. 서암사에서 입적했다.

32

要行便行
要去便去
撞破天關
掀翻地軸

...

올 때는 문득 오고
갈 때는 미련 없이 가네.
하늘 관문 뚫어버리고
지축을 뒤집어엎네.

撞 칠 당 | 掀 치켜들 흔

하늘을 뚫고 지축을 엎네

대위 선과(大潙善果)

임제종의 본맥을 이은 분다운 임종게다. 임제종 법맥 속에서 깨달음이란 '폭발적'이다. 내면에 있는 에너지의 폭발 앞에서는 살아남을 게 없다. 윤리니 도덕이니 하는 하늘의 모든 것, 즉 천관天關도 무용지물이고, 우리의 현실적 존재의 중심인 지축, 즉 삶살이도 그 의미를 잃는다. 옛 '나'는 없어지고 새로운, '나'가 아닌 탈주적脫走的인 보편적 존재가 태어나는 것이다. 급진적인, 참으로 급진적인 가르침이다. 영적으로 말이다. 그 깨달음을 얻으면 '미련 없이 가는 것'쯤이야 보장되겠다. 하지만 내면적으로 성숙되지 못한 수많은 중생이 하늘의 관문을 뚫기는 쉽지 않을 테니, 근기根機가 열등한 나로서는 천천히 닦고 착실히 닦는, 조금 더 '개량주의적'이며 점진주의적인 가르침이 나을 것이다.

불교학도 : 그 순간이 문득 오는 게 낫지 않은가? 많은 사람이 생각해서 반응하는 경우보다 즉석에서 훨씬 더 순발력 있게 반응하니 말이다.

시인 : 올 것은 스스로, 올 때 온다. 그래서 올 때 갑작스레 오는

것처럼 느껴진다. 우리는 준비할 수야 있지만 언제 올지를 알아차릴 수는 없다. 원하든 원하지 않든 그냥 온다. 서방에서 표현의 자유니 민주주의니 마구 자랑을 하지만, 실은 즉각적 반응을 막고 있는 자기 통제를 끝까지 풀려고 하지 않는다. 자기 통제를 풀어 직감으로 살면서 반응하기 시작하면, 하늘의 관문을 뚫어버리고 지축을 뒤집어엎는 그 힘을 바로 접하게 된다.

불교학도 ┆ 하늘의 관문이 뚫리고 지축이 뒤집힐 정도라면, 갈 때 제대로 간 사람이 아주 소수란 뜻이겠다. 안 그랬으면 하늘의 관문도 지축도 벌써 고장이 나지 않았겠는가?

시인 ┆ 하늘의 관문을 뚫고 지축을 뒤집는 방법을 알면서도 그 앎에 대한 자각이 없는 사람들이 많다. 왜냐하면 현실을 사는 인간으로서 이러한 초현실적인 앎을 제대로 다루기가 너무나 어렵고, 그 앎이 현실과 계속 충돌할 수 있기 때문이다. 시에서 말한 그 지축이 바로 우리 안에 있는데, 그게 흔들리면 평범한 인간으로서 버티기가 어렵다. 그래서 우리는 무의식적으로 그 최후의 앎을 기피한다. 그러나 이 같은 지혜에 인간들이 전혀 귀를 기울이지 않는다면, 지구의 생명을 지속시키기가 어려울 것이다. 《에다》 신화에는 천축과 세계 질서를 대표하는 '헤임달

Heimdal'이라는 초소병 노릇을 하는 신이 있다. 그는 초소병으로서 자신의 내면 세계로부터 어느 정도 떨어져 있다. 그러나 실은 청각을 세계수世界樹 뿌리 밑에 놓아두고 온 것이다. 그가 거기에 가서 자신의 청각을 이용하면, 곧 다가올 말세의 조짐을 알아차릴 수 있을 것이다. 이를 주시하지 않고 방심하는 순간, 바로 말세로 갈 수도 있다.

깨달음이란 폭발적이다.
내면에 있는 에너지의 폭발 앞에서는 살아남을 게 없다.
윤리니 도덕이니 삶도 그 의미를 잃는다.
옛 '나'는 없어지고
탈주적인 보편적 존재가 태어나는 것이다.

대위 선과 | 大潙善果, 1079~1152 | 중국(송나라). 임제종 양기파 승려. 속성은 여(余)씨. 어린 나이에 고아가 되어서 출가했으며, 개복 도녕(開福道寧, 1053~1113)에게 불교의 법을 배웠다. 문하에서 13명의 제자를 길러냈다.

33

人生七十歲
古來亦希有
七十七年來
七十七年去

...

칠십까지 가는 이 인생은,
옛날부터 드문 일이네.
칠십칠 년 전에 왔다가는,
칠십칠 년 뒤에 가네.

칠십 인생

백운 경한(白雲景閑)

    백운 선사, 당신은 천천히, 착실히, 오래 사신 분 같다. 중국 원나라 유학도 꽤 늦은 나이인 54세에 갔고, 또 고려에 돌아온 뒤에도 오로지 수행에만 전념해 고승으로서는 피할 수 없겠다 싶은 국가와의 '관계 맺기'를 끝까지 미루려고 했다. 공민왕의 부름을 받은 것은 1357년이었는데, 국가가 주관하는 승려 시험에 시험관으로 처음 임한 것은 1370년의 일이 아닌가? 언젠가는 왕명을 받드는 일을 피할 수 없다 해도, 가능한 한 그 순간을 늦추려고 했던 모양이다.

    당신이 '무심지無心地', 감정 또는 욕망이 없는 경지의 이야기를 들으면서 깨달음을 얻었다는 것 아닌가? 감정과 권력욕, 명예욕 사이에는 밀접한 관계가 있는데, 감정과 욕망이라는 독물을 말끔히 씻어버린 당신에게는 권력욕이 생길 리 없었을 것이다. 당신은 갑작스러운 개안開眼보다 천천히 무념무심無念無心의 상태에서 이루어지는 정진을 더 우선시하지 않았던가? 그렇기에 77년을 한순간처럼 지내고 가볍게 간 셈이다. 임종게도 가벼운 단순미를 풍긴다.

불교학도 | 백운 경한 스님이 좀 게으른 분이셨나? 대장부가 할 일을 다 마치고 훨씬 더 빨리 갈 수도 있었을 텐데, 왜 그리 늦게 가셨나?

시인 | 가고 옴, 거래去來 속에 있는 것……, 그럴 때 당신은 오랜 시간을 필요로 한다. 필요로 하니까 오랜 시간이 주어지는 것이다. 그런데 놀라운 것은 이 주어진 시간을 인간들이 어떻게 이용하는가 하는 점이다.

불교학도 | 어떤 사람은 중생들을 돕기 위해서 그리 오래 계셨다고 할 텐데, 이걸 믿어야 하나? 깨달은 사람이라면 좀 더 빨리 갈 수도 있지 않았겠는가?

시인 | 나는 내게 이야기하는 걸 대체로 믿는다. 특히 아무도 믿어주지 않는 사람의 이야기를 잘 믿어준다. 어떤 사람은 남들은 완전히 무시할 만큼 자신의 이야기만 믿는데, 그건 문제다. 타자의 말을 진심으로 믿어야 세계를 바깥에서 조감할 수 있다.

갑작스러운 개안開眼보다
천천히 무념무심의 상태에서 이루어지는
정진을 우선시했기에
77년을 한순간처럼 지내고 가볍게 가셨구나.

백운 경한 | 白雲景閑, 1299~1375 | 한국(고려 말기). 선승(禪僧). 태고 보우(太古普愚) 국사(國師)와 마찬가지로 중국 원나라의 석옥 청공(石屋淸珙) 선사에게서 법을 받고 귀국했다. 그 뒤 나옹 혜근(懶翁慧勤)의 추천으로 신광사(神光寺) 주지 등을 역임했다. 1377년에 펴낸 세계에서 가장 오래된 금속활자본인《불조직지심체요절(佛祖直指心體要節)》2권과《백운화상어록(白雲和尙語錄)》2권 등의 저서를 남겼다. 무념무심을 궁극으로 삼는 묵조선(默照禪)으로 선풍(禪風)을 드날렸다.

34

我身本不有
心亦無所住
作灰散四方
勿占檀那地

...

내 몸은 본래 없었으니
마음도 머물 곳 없어라.
태워 사방에 뿌릴 것이니
시주施主의 땅을 범하지 마라!

시주의 땅을 범하지 마라

백운 경한(白雲景閑)

무소유란 바로 이러한 것이다. 살 때도 재산을 소유하는 몸의 상태와 재산을 소유하려는 마음을 힘써 피해야 하지만, 죽고 나서도 공연히 땅을 차지할 필요가 없다. 화려한 무덤, 아니 무덤이라는 무용지물 자체야말로 인간 무명無明*의 상징이다. 자기 것이 된 적도 없었던, 이미 썩어갈 고깃덩어리가 된 몸뚱이를 위해 왜 산 자들의 땅을 빼앗아 차지해야 하는가. 마음이 '소유'의 자리에 머무는 사람의 '나'라는 허상만큼 무서운 것이 없다…….

불교학도 | 마음이 머물 곳이 없다니, 그러면 향수 같은 걸 느끼면 안 되는가? 그것도 극복해야 하는가?

시인 | 나의 몸이 나의 것은 아니다. 죽고 나서 남은 시체는, 여기에 왔다가 갈 또 다른 몸들을 방해하면 안 된다. 어차피 어렸을 때의 고향에 이미 안개가 걷히고, 거기에 마음의 모든 것이 모

---

* 잘못된 의견이나 집착 때문에 진리를 깨닫지 못하는 마음의 상태를 이른다. 모든 번뇌의 근원으로, 괴로움이 일어나는 12가지 요소인 십이연기(十二緣起)의 하나.

인다. 특별히 향수를 느낄 게 뭐가 있는가?

불교학도 │ 우리 인류가 동물들의 땅, 식물들의 땅 등을 늘 차지하는 데 대해 한 인간으로서 부끄러움을 느끼지 않는가?

시인 │ 바람과 바다, 항해, 그리고 여행의 신인 '뇨르드Njord'처럼, 만물과 소통하면서 살라. 그는 바닷가와 산 사이를 끊임없이 왕래한다. 또한 잔칫상에서 만나거나 강화를 맺는 집단 사이를 늘 오고 간다. 언제나 한자리에만 있지 않고 항상 서두르지 않는 그는, 이 땅을 다 누비고 모두와 모든 것에 속한다.

자기 것이 된 적 없던,
이미 썩어갈 고깃덩어리가 된 몸뚱이를 위해
왜 산 자들의 땅을 빼앗아 차지해야 하는가.
'나'라는 허상만큼 무서운 것이 없다.

백운 경한 | 白雲景閑, 1299~1375 | 한국(고려 말기). 선승(禪僧). 태고 보우(太古普愚) 국사(國師)와 마찬가지로 중국 원나라의 석옥 청공(石屋淸珙) 선사에게서 법을 받고 귀국했다. 그 뒤 나옹 혜근(懶翁慧勤)의 추천으로 신광사(神光寺) 주지 등을 역임했다. 1377년에 펴낸 세계에서 가장 오래된 금속활자본인《불조직지심체요절(佛祖直指心體要節)》2권과《백운화상어록(白雲和尙語錄)》2권 등의 저서를 남겼다. 무념무심을 궁극으로 삼는 묵조선(默照禪)으로 선풍(禪風)을 드날렸다.

35

處處皆歸路
頭頭是故鄉
何須理舟楫
特地欲歸鄉

...
곳곳마다 돌아갈 수 있는 길이고,
어딘들 고향 아닌가?
어찌 배와 노를 만들려고 하는가?
그냥 이대로 떠나려네.

楫 노즙

어딘들 고향 아닌가

백운 경한(白雲景閑)

    이 부분은 정말 죽음의 경지로 가야 제대로 체득될 듯하다. 가는 곳마다 나의 갈 길이……. 우리로서는 인생에서 갈 수 있는 길이 여럿이라는 생각이 잘 들지 않는다. 보통 가는 코스는 딱 정해져 있다. 대한민국 같은 경우에는 공부가 아닌 공부를 하고, 대학답지 못한 대학에 가며, 따뜻한 이해와 서로에 대한 존중이 없는 가정을 만든다. 코스에서 조금이라도 다르게 간다면, 이를테면 대학 간판을 따기 위한 투쟁에 몰두하는 대신 혼자만의 공부를 하고 여행을 다니면서 끊임없이 소설이나 시 쓰는 연습을 한다면, 그건 벌써 '기행奇行'쯤으로 인식된다.

    한국에서 제2의 카프카가 태어난다 해도 '명문대' 간판이 없는 한 그의 소설을 실어줄 잡지조차 찾기 힘들 것이다. 그런데 궁극의 지경, 즉 죽음의 문턱에 가면 이 모든 간판이 다 우습게 보이지 않겠는가? 그때 가서야 우리가 갈 수 있었던 길이 얼마나 많았는지 뼈저리게 느낀다. 사회에 백기를 든 데 대한 후회를 그때서야 한들 무슨 소용이 있는가? 결국 우리 모두는 이 진흙탕을 벗어나기만 하면 고향으로 가는 것이고, 어느 길로 고향에 가도 사실 크게 상관이 없다. 그 정도만 알아도 이 정신병적인 세상이 우리에게 강요하는 '유일하게 올바른 코스', 그 비뚤어진 경쟁과 성공의 '유일사상'에 저항할 용기가 생기지 않는가?

불교학도 | 가는 곳마다 집이라 하니, 조국이니 고향이니 다 쓸모없는 것이겠다. 정말로 그렇게 생각하면서 살 수 있는가?

시인 | 우리는 우리 내면 속에서 산다는 사실을 망각해서 문제다. 물론 좋은 집을 가지려는 마음이야 그 자체로 나쁜 것이 아니다. 그러나 천막을 치고 살아도, 그건 벌써 '나는 바로 여기서 산다'는 주장을 뜻하는 것이다. 영원한 조국도 우리 안에 있는데, 우리가 그 사실을 잊고 사는 게 문제다.

불교학도 | 배와 노가 필요 없다 하니 중생들에게 사찰이 필요 없다는 이야기도 된다. 불교, 사찰이라는 배, 기도 또는 독경이라는 노 없이 맨몸으로 수영할 수는 없을까? 별도의 가르침 없이 특별히 불교적인 용어들과 무관한 진리를 찾을 수는 없을까?

시인 | 인생은 진리를 향한 여행이고, 특정 종교의 가르침이나 신앙 시설 따위는 그 길에 서 있는 여관이다. 여관에서 잠시 머물수야 있지만, 여관이 우리 길의 종점이 아님을 잘 기억해야 한다.

이 진흙탕을 벗어나기만 하면
모두가 고향으로 가는 길이고,
어느 길로 고향에 가도
사실 크게 상관은 없다.

백운 경한 | 白雲景閑, 1299~1375 | 한국(고려 말기). 선승(禪僧). 태고 보우(太古普愚) 국사(國師)와 마찬가지로 중국 원나라의 석옥 청공(石屋淸珙) 선사에게서 법을 받고 귀국했다. 그 뒤 나옹 혜근(懶翁慧勤)의 추천으로 신광사(神光寺) 주지 등을 역임했다. 1377년에 펴낸 세계에서 가장 오래된 금속활자본인《불조직지심체요절(佛祖直指心體要節)》2권과《백운화상어록(白雲和尙語錄)》2권 등의 저서를 남겼다. 무념무심을 궁극으로 삼는 묵조선(默照禪)으로 선풍(禪風)을 드날렸다.

36

眞性圓明
本無生滅
木馬夜鳴
西方日出

...

진짜 마음 둥글고 밝아
나고 죽음도 본래 없네.
나무말이 밤에 울고
서쪽에서 해가 뜨네.

나고 죽음 본래 없네

초석 범기(楚石梵琦)

성루城樓에서 들리는 북소리를 듣고 갑자기 깨달음을 이루었다는 대혜 종고 스님의 위대한 6대 후계자 초석 범기 스님……. 당신에게는 일상이라는 게 없었다. 일상의 일마다 불사佛事였고, 사람마다 걸어 다니는 생불生佛이었다. 사람이 밤에 우는 목마木馬의 소리를 들을 줄 안다면, 그것이야말로 창조성이라는 것이다. 서쪽에서 해가 뜨는 걸 볼 줄 모른다면, 그림을 그리거나 글씨를 잘 쓸 수 있을까? 스님이 쓴, 일정한 서법書法이 없는 듯 보이면서도 자유자재하고 불기不羈가 흘러넘치는 글씨를 한순간이라도 본다면, 밤에 목마의 울음소리를 듣고 새벽에 서방에서 뜨는 해를 볼 줄 아는 마음가짐이라는 게 뭔지 이해할 것이다. 그게 니체가 말하는 초인超人의 자세다. 물론 니체는 진리가 아닌 것이 무엇인지 알아도 진리가 무엇인지는 잘 표현하지 못했다. 니체 본인은 제대로 알았는지 모르겠다.

스님이 한번은 당신의 하루하루를 〈한가로움閑閑〉이라는 시에서 이렇게 표현했다.

終日忙忙 那事無妨 行住坐臥 一絲不掛 看經費眼力 作福受奔波 饑來喫飯困來睡 如此閑閑快活何

종일 바빠도 무슨 일에도 방해받지 않는다. 걷거나 그냥 머물 거나 앉거나 눕거나 한시도 걸림이 없다. 독경해서 눈을 어렵 게 하고, 복을 짓느라 바쁘고, 배가 고파지면 먹고, 피곤하면 자 고……. 그게 여유 있고 쾌활한 인생이다!

자유인이 세상이라는 감옥에 갇혀 있으면서도 자유를 누리 는 방법이란 바로 이런 것이다.

불교학도 | 우리 인간들이 목마와 같지 않은가? 제대로 울어대서 자타를 깨닫게 하지 못한다는 의미에서 말이다.

시인 | 사실 우리로서는 목마의 울음처럼 불가능해 보이는 것들 만이 유일한 가능성이다. 하지만 이러한 것을 깨닫자면 각자에 게 모든 것이 거꾸로 서는 어떤 개인적인 위기 상황이 닥쳐야 한다. 그래야 모든 것에 스며들어 있는 '그것'과 자신을 연결시 키려 할 것이다.

불교학도 | '진짜 마음' 같은 표현은 차라리 안 쓰는 게 좋지 않았

을까? '진짜 마음'은 어차피 말로 나타낼 수 없으니까.

시인 | '진짜 마음'의 더 적절한 표현을 찾으려고 노력하거나, 그 의미를 그냥 받아들여야 한다. 현실에 대한 욕망 등을 끊고 잠시나마 '진짜 마음'만을 직시할 수 있을까? 있다면 아직 우리에게 희망이 있는 것이다.

> 일마다 불사佛事이며 사람마다 걸어 다니는 생불生佛,
> 밤에 목마의 울음소리를 듣고
> 새벽에 서쪽에서 뜨는 해를 볼 줄 알도다.

초석 범기 | 楚石梵琦, 1296~1370 | 중국(원나라와 명나라의 교체기). 절강성 명주 상산(象山) 출신. 속성은 주(朱)씨, 자는 초석(楚石)이며, 소자(小字)는 담요(曇曜)다. 9세에 출가한 뒤 가흥(嘉興) 천녕사(天寧寺)에 머물렀다. 원수 행단(元叟行端)의 법사(法嗣)다. 명나라 초에 태조가 장산(蔣山)에 법회사(法會寺)를 세우고 강남(江南)의 고승을 불렀는데, 그가 첫 번째로 꼽혔다. 태조의 선물을 받았으며, 입적 직전에 태조의 자문에 도 응했다. 참선할 때 외에는 정업(淨業), 즉 정토신앙에만 뜻을 두었다.

37

八十一年
只此一語
珍重諸人
切莫錯擧

...
팔십일 년 동안
한마디뿐이라
여러분 잘 있게.
부디 잘못 알지 마라!

부디 잘못 알지 마라

만송 행수(萬松行秀)

이동李杲의 〈탑명塔銘〉에는 "八十一年 更無一語 珍重諸人 不須
我擧(팔십일 년 동안 / 이 외에 한마디도 없었으리라. / 여러분, 잘 있게. /
내 잘못을 부디 따라가지 마라!)"라고 실려 있다.

잘못이란 과연 무엇인가? 굳이 잘못을 따지자면 만송 스님
이야말로 잘못을 저지른 듯하다. '잘못'이라기보다는 '군짓'이라
고나 할까? 선불교에 화엄학, 거기에다 도교와 유교를 두루 배
우고, 쓸데없이 방대하기만 한 대장경을 무슨 재미로 세 번이
나 읽었으며, 또한 당신이 섬겨온 금나라를 아주 없애버린 몽
골의 칭기즈칸까지 섬겨 불법을 그 소귀에 전했으니……. 뭐,
원나라의 태조太祖라고 하는 칭기즈칸과의 개인적인 관계까지
는 몰라도, 칭기즈칸의 총신寵臣 야율초재耶律楚材(1190~1244)가
당신의 제자였음은 확실한 사실이다. 이러한 인생을 보면 "바쁘
다, 바빠"라는 말이 나올 법도 하다.

그런데 대장경을 세 번 읽은 사람에게 남은 것은 무엇인가?
맞다, '한마디뿐'이다. 이것이 두 제국의 황제를 섬긴 국사國師 격
고승 인생의 결론이다. 그리고 '잘못 알지 마라'라는 말은 혹시

'나처럼 덧없는 인생을 보내지 마라', '세상을 조금 피해서 살아라', '지배자들의 은총을 받아 봐야 그게 그거다' 같은 이야기가 아닐까? 참 궁금하다.

불교학도 | 그러면 지구에 와서 81년 귀양살이하는 동안 저지를 수 있는 가장 큰 잘못이란 과연 무엇일까?

시인 | 핵심이 되는 말 몇 마디를 잊은 것 아닐까? 활을 쏠 때 실수하지 말고 과녁을 잘 맞추어라. 그리고 모두에게 행복을 빌면서 살아라. 이는 벌써 인간에게 필요한 실천의 약 절반을 포함한다. 이를 잊어버리면 아직도 제대로 살기를 시작하지도 못한 사람이라고 봐야 할 것이다.

불교학도 | 81년 동안 진짜 말은 한마디만 했다고 한다. 진짜가 아닌 말을 그렇게 많이 하고, 그리 수다스러울 필요가 있었던가?

시인 | 그러면 그 의도야 빛나도 쓰면 쓸수록 진부해지는 말들을 가지고 어떻게 했어야 할까? 그 기의記意에 완벽하게 맞는, 그 뜻을 완벽하게 나타내는 기표記票가 과연 있는가? 결국은 그 기표를 접하면서 거기에다 우리 나름의 의미를 부여하게 되어 있다.

잘못 알지 마라.
나처럼 덧없는 인생을 보내지 마라.
세상을 조금 피해서 살아라.

만송 행수 | 萬松行秀, 1166~1246 | 중국(금나라와 원나라 교체기). 조동종 승려. 종용 행수(從容行秀)라고도 한다. 해주(解州, 지금의 산시 성山西省 윈청 시運城市) 해현(解縣) 출신으로, 속성은 채(蔡)씨. 어릴 때 형주(荊州) 정토사(淨土寺)에서 출가했다. 설암만(雪巖滿) 선사의 법을 계승했으며, 정토사에 돌아와 만송사(萬松寺)를 짓고 기거하면서 수행했다. 불교 외에 유교와 도교 공부도 많이 했다. 금나라 조정의 후원을 받았으며, 그 뒤 원나라 태조와 그 조정의 실력자인 야율초재로부터 외호를 받는 등 왕권과 깊은 관계가 있었다. 야율초재를 위해, 굉지 정각(宏智正覺)이 뽑은《송고백칙(頌古百則)》에 따라 선어록 중 대표적 작품인《종용록(從容錄)》6권을 지었다.

38

甲子六十三
無法與人說
任運自去來
天上只一月

...
육십삼 년 동안
한마디 설법도 안 했었네.
나의 명대로 왔다 가나니
하늘에 다만 달이 떠 있네.

한마디 설법도 없이

경당 각원(鏡堂覺圓)

1279년에 일본에 건너가서 고승 대접을 받으며 여생을 보
낸 쓰촨 성四川省 출신의 경당 스님…… 왔다 갔다 하는 일이야
말로 당신의 인생이었다. 죽어가는 남송南宋 왕조하의 남중국을
다 돌아다녀 보고 선지식을 다 만나본 뒤 아예 일본에까지 건
너가, 거기서 그 독특한 임제종의 종자를 또 심은 셈이었다. 운
명이 그래서인지 이동이 많은 인생이었는데, 자신의 운명을 탓
할 생각도 없었을 것이다. 이처럼 무수한 이동을 하면서도 불
법佛法을 가져다 사람들에게 설법한 적은 없었다고 하는데, 그
건 현실적으로 봤을 때 새빨간 거짓말일 것이다. 벙어리로 살
겠다고 서약했다면 어찌 일본으로까지 초빙을 받아서 갔겠는
가? 말이야 당연히 할 만큼 하고서 저승으로 간 것이다.

그러나 현실을 넘어서 보면 당신의 말이 맞다. 불법을 갖고
말장난을 하지 않았다는 것 말이다. 왜냐하면 불법을 이야기해
봐야 그 이야기 속에 불법이 이미 없기 때문이다. 불법은 '이야
기'가 아니다. 글도 아니고, 생각도 아니고, 행동도 아니다. 불법
이란 어떤 방식으로든 표현되지 않는다. 표현될 수 없는 우리

마음의 묘妙다. 그러니 이 같은 불법을 가지고 이야기를 하고 싶어도 못했을 것이다. 도道에 들어선 이에겐 당연한 이치지만, 중생들에게는 그런 말 한마디 남기고 갈 법도 한데……

불교학도 | 사람이 제 명이 무엇인지 제대로 알기만 한다면 더 이상 불법을 갖고 수다를 떨 필요도 없겠다. 그렇지 않은가?

시인 | 그렇게 이야기하면 지나치게 엄격하게 들린다. 그는 가장 묘한 말을 63년 동안 꺼내지 않다가 갑자기 여기서 꺼냈다. 드디어 하늘에 뜬 달을 보고 달에게서 그 말을 해도 된다는 허락을 얻은 셈이다. 그가 굳이 '설법'을 하려 하지 않았던 이유는, 이미 그의 뜻과 불법의 뜻이 하나로 합쳐졌기 때문이다. 그래서 맨 끝에 불법 이야기를 한 번 꺼낸 것이다.

불교학도 | 불법을 갖고 떠들 필요 없다는 걸 알면서도 하늘과 달을 읊고 있다. 스님은 제 명을 좀 덜 알고 계셨나?

시인 | 그는 듣는 사람이 무엇을 필요로 하는지를 잘 파악해서 필요한 만큼만 말을 한 셈이다. 그리고 그 말들 뒤에 의지와 행동이 있었기에, 그 말들이 듣는 사람의 인생에 영향을 끼칠 수 있었다.

불법佛法은 이야기가 아니다.
글도 아니고, 생각도 아니고, 행동도 아니다.
불법이란 어떤 방식으로든 표현되지 않는다.
표현될 수 없는 우리 마음의 묘妙다.

경당 각원 | 鏡堂覺圓, 1244~1306 | 중국(송나라), 일본(가마쿠라 시대). 임제종 양기
파 승려. 서촉(西蜀, 지금의 쓰촨 성 청두成都) 출신. 경당(鏡堂)은 호. 일본 임제선(臨濟
禪) 경당파(鏡堂派)의 종조(宗祖). 일찍이 여러 지역의 명승을 찾아다니다가 임제종 양
기파 환계 유일(環溪惟一)을 만난 뒤 큰 깨침을 얻었다. 1279년 무학 조원과 함께 일본
으로 건너가 처음에 가마쿠라의 젠코지(禪興寺)에 머물면서 불법을 널리 알렸다. 당대
의 실력자인 호조 도키무네의 숭앙을 받았다. 여러 사찰에서 머물다 1300년 교토 겐닌
지(建仁寺)의 주지로 부임해서 입적했다. 시호는 대원(大圓) 선사이고, 저서에《사회어
록(四會語錄)》3권이 있다.

39

緣會而來
緣散而去
撞倒須彌
虛空獨露

...

인연이 모여 왔다가
인연이 다 돼서 가네.
수미산을 떨어뜨리고
허공만이 드러나 있네.

허공만이 드러나 있네

열당 조은(悅堂祖闍)

조정에서 세 번이나 불러, 조정이라는 인간 사회의 수미산이 사실은 떨어뜨릴 만한 가치도 없다는 것을 몸으로 알게 된 열당 조은 스님……. 임제종 승려답게 순발력이 비상했다. 동료를 깨닫게 하려고 "부처와 조사들이 다 남의 노예인데, 그 노예들의 주인은 누구냐?"라는 화두를 던져 깨달음을 얻게 한 것부터 보통의 선묘(禪妙)가 아니다. 말 그대로 허공이 드러나 보인다. 부처의 주인이 누구냐? 나의 주인이 누구냐? 너의 주인이 누구냐? 그 주인을 만난 이상 인연들이 흩어져도 좋다.

불교학도 | 수미산을 떨어뜨렸다 하니, 수미산이 정말 존재한다고 생각했을까?

시인 | 임종의 순간 우리는 과연 어디에 있는가? 가끔은 그 순간에 신성한 산들이 잠겨버리기도 한다. 거리들이 없어지고, 나는 모든 것 사이에 있으며, 두려울 것도 없고 지킬 것도 없다. 아무것도 없는 것이다. 수미산을 떨어뜨린다는 이야기는 대체로 이와 같은 일을 두고 하는 말이다. 스스로 알아서 생각해보면 된다.

^{불교학도} 허공이 드러난다고 하는데, 허공이 드러날 것이라도 있는가? 어떻게 드러나는가? 허공이란 늘 드러나 있으면서도 도저히 드러낼 게 없는 것 아닌가?

^{시인} 세계는 외부의 힘에 대항한다. 그러나 세계를 관통해서 한 번 끝까지 가보면 드디어 허공이 보인다. 열려 있는 그것이 보인다.

부처의 주인이 누구냐?
나의 주인이 누구냐?
너의 주인이 누구냐?
그 주인을 만난 이상 인연들이 흩어져도 좋다.

열당 조은 | 悅堂祖誾, 1234~1308 | 중국(송나라와 원나라의 교체기). 임제종 승려. 남강(南康, 지금의 장시 성 간저우 시贛州市) 출신. 속성은 주(周)씨. 13세에 사찰의 종 소리를 듣고 돌연 깨달은 바가 있어 출가한 뒤, 개석 지붕(介石智朋)의 법을 이었다. 원 나라 조정으로부터 '통혜(通慧) 선사'라는 칭호를 얻었다.

40

已徹無功
不必留頌
聊爾應緣
珍重珍重

…

아무것도 해놓은 것 없거니
임종게를 남길 이유가 없네.
오직 인연에 따를 뿐이니
모두들 잘 있게!

聊 애오라지 료

오직 인연에 따를 뿐

원오 극근(圓悟克勤)

《벽암록碧巖錄》이라는 무거운 책을 남기고 가신 분이니 '해놓은 게 없다'는 말은 겸손의 표시다. 아니면……, 혹시《벽암록》을 공로로 보지 않으려 한 것인지? 사실 그랬을 가능성이 크다. '해놓은 것', '공로'란 결국 한 중생의 깨달음 이상을 이야기하는 것이다. 깨달음과 무관한 일을, 깨친 사람은 '공로'로 보지 않는다. 《벽암록》을 편찬했다고 해서 꼭 누구에게 깨달음을 보장한 것은 아니지 않은가?

책은 전진하기 위해서 쓰이는 도구일 뿐인데, 그 도구를 쓰는가 쓰지 않는가는 결국 '나'의 마음이다. 책이 마음보다 못하다는 생각으로 '해놓은 게 없다'고 하셨던가? 생각해보면 '인연에 따르는 것'은 진정 원오 스님 삶의 골자였던 듯하다. "살 때 삶에 철저하게 하고 죽을 생각을 하지 말며, 죽을 때 죽음에 철저하게 하고 삶에 대한 미련을 버려라." 원오 스님의 명언이다. 스님도 정말 그랬다. 살 때 책 만들고 제자들 지도하느라 죽을 생각 못할 만큼 바빴고, 죽을 때는 그냥 가벼운 마음으로 다 내려놓고 떠났다. 남은 사람들의 안녕을 빌면서.

불교학도 | 끝에 가서 무공無功이라고 말할 수 있는 그 마음가짐이야말로 제일 큰 공功이 아닐까?

시인 | 그건 그렇지만 한 가지 질문은 남는다. '무공'이라고 이해하고 나면 그리하여 어떻게 요익중생饒益衆生할 수 있느냐, 즉 그의 내면에 그걸로 인해 무엇을 어떻게 남겼느냐가 문제로 남는다. 주위 사람들에게 그 말이 어떤 긍정적인 영향을 주었는가? 그런 영향의 실례實例를 봐야 원오 스님의 '공로'에 대한 평가를 할 수 있다.

불교학도 | 임종게를 남길 이유가 없다고 판단한 것도 엄청난 공功이 아니었을까?

시인 | 바다와 항해의 신 뇨르드 같으면 창조의 신들이 갖고 있는 그런 목적의식이 없다. 그는 만남마다 쉬기만 하고, 대항자들이 제안하는 부분들을 그냥 받아들인다. 그는 정복욕과 성취욕이 전혀 없다. 그렇기에 그가 신들의 세상에서 간접적인 조절자 노릇을 맡는다. 그러니까 뭔가를 안 해도 된다는 사실을 이해하는 것, 즉 성취 욕망을 비운다는 것은 정말 대단한 내면의 힘이다.

살 때 삶에 철저하고
죽을 생각을 하지 말며,
죽을 때 죽음에 철저하고
삶에 대한 미련을 버려라.

원오 극근 | 圓悟克勤, 1063~1135 | 중국(송나라). 원오(圜悟)로도 쓴다. 임제종의 고승. 불과 극근(佛果克勤) 선사를 말하며, 원오는 스님의 사호(賜號)다. 팽주(彭州, 지금의 쓰촨 성)의 유교 관료 가문 출신으로, 속성은 낙(駱)씨다. 출가해서 오조 법연(五祖法演, 1024~1104) 등의 법을 이어받았으며, 당대의 재상 장상영(張商英, 1043~1122) 등 고위 관료들의 귀의를 받아 그 후원을 입었다. 《벽암록(碧巖錄)》이라는 공안집을 편집한 것으로 유명하며, 제자 중에 대혜 종고 등 여러 고승이 있다.

41

夢幻空花
六十七年
白鳥煙沒
秋水天連

…
꿈 같고, 환영 같고, 허공 꽃 같은
육십칠 년의 세월이여!
백조 날아가고 물안개 걷히니
가을 물이 하늘에 닿네.

가을 물이 하늘에 닿네

굉지 정각(宏智正覺)

"오직 앉아서 말을 잊고 쉬어가고 쉬어간다." 굉지 정각 스님, 당신이 집대성한 묵조선默照禪의 모토다. 대혜 종고 스님 이후의 간화선看話禪과 달리 훨씬 덜 도발적이고, 훨씬 더 성실하며 튼실하다. 화두를 계속 고심하다가 갑자기 번개처럼 찾아오는 깨달음이라는 것이 어떤 것인지 잘 모르지만, 조금씩 말이라는 악습을 잊어가는 것은 어쨌든 '확실한' 방법이다. 갑작스러운 깨달음을 추구하는 것이 어쩌면 도박 같은 일이기도 하지만, 한 걸음 한 걸음 말 없는, 마음 없는, 모든 것이 비워진 상태로 나아가는 것은 소득이 거의 보장된 투자다.

수미산을 떨어뜨리고 허공을 드러낼 일까지는 없어도, 중생에 대한 사랑과 침묵의 백조白鳥는 결국 날아온다. 그리고 가을 물이 하늘과 하나가 되어 온 천하가 하나가 되고 무無가 된다. 수백 명의 납자에게 늘 아낌없이 밥과 마음을 주고, 말없이 살아온 공덕이다. 하늘의 아이 천동 굉지天童宏智, 결국 영원한 고향인 하늘로 돌아갔다.

불교학도 | 모든 게 다 꿈일 뿐이라면, 가을 물도 하늘도 꿈 아닌가?

시인 | 가을 물 이야기 빼면 하늘은 너무 좁아진다. 그렇기에 둘이 꼭 같이 합쳐져야 한다. 우리에게 다음 세상을 연상케 하는 하늘이란 꿈이기보다는 신기루다. 거기로 어떻게 갈 것인가? 다음 세상을, 이 세상의 현실 속에서는 상상하기조차 불가능하다.

불교학도 | 모든 것이 꿈이라면, 어떻게 그 꿈에 다가갈 수 있는가?

시인 | 우리가 통상 '신'이라고 할 때, 도대체 그게 무슨 뜻인가? 하늘과 세상 사이의 어떠한 상호 작용을 의미하는 것인가?《에다》에서는 하늘까지 닿는 다리를 '흔들리는 다리Bivrost'라고 부른다. 흔들리다가 말세가 가까워지면 무너져버리는, 그런 다리다. 그 다리의 본질을 이해하지 못한 채 거기에 발을 내디디면, 바로 넘어지고 만다. 하늘로 가는 다리의 본질을 이해할 때, 우리가 꿈꾸는 그 주체에 가까이 갈 수 있다.

한 걸음 한 걸음 비워나가면,
가을 물이 하늘과 하나가 되어
온 천하가 하나가 되고 무無가 된다.

굉지 정각 | 宏智正覺, 1091~1157 | 중국(송나라). 조동종의 고승. 산서성(山西省) 습주(隰州) 출신. 속성은 이(李)씨. 하남(河南) 남양부(南陽府) 등주(鄧州) 단하산(丹霞山) 자순(子淳) 선사의 법사로, 임제종의 대혜 종고와 함께 당시 2대 감로문(甘露門), 즉 두 명의 최고 고승 중 한 사람으로 존경을 받았다. 일찍이 장로사(長蘆寺)에 주석했고, 나중에 절강(浙江) 은현(鄞縣) 천동산(天童山)에서 30여 년을 머물렀다. 그가 뽑은 《송고백칙》에 따라 나중에 만송 행수(萬松行秀)가 선어록 중 대표적 작품인 《종용록》 6권을 지었다. 그의 선풍(禪風)을 묵조선이라 부르는데, 종고의 간화선과 대조되어 공안(公案)을 들지 않고 좌선(坐禪)을 통해 궁극적인 자유의 경지를 얻으려고 했다. 공부하러 오는 제자가 1200명이 넘었으며, 공부하러 오는 사람은 절대 되돌려보내지 않았다. 시호는 천동 굉지 선사(天童宏智禪師)고, 탑명은 묘광(妙光)이다.

42

五十四年 照第一天
打箇勃跳 觸破大千
渾身無覓 活陷黃泉

...

54년 동안 이 세상, 첫째 하늘만 비추고 있었네.
이제는 모든 걸 떨쳐버려 삼천대천의 우주를 깨부수네.
어허, 이제 온몸으로 구할 것 없으니 산 채 황천에 가리라.

覓 찾을 멱

우주를 깨부수네

도원(道元)

일본 최고의 귀족 가문 출신인 도원 스님이 1227년 중국에서 유학을 마쳤을 때, 그의 중국 스승인 여정如淨 노승이 그에게 말했다. "국왕과 조정의 대신을 가까이하지 마라. 오직 심산深山에서, 촌락에서 우리 조동종의 묵조선 선풍을 크게 떨쳐라." 스승은 다음 해에 입적했으니, 이게 유언이라면 유언이었다. 물론 완전하게 실천하기는 불가능에 가까운 유언이기도 했다.

일본 불교가 중국이나 조선 불교처럼 원래 국가에 종속되어 온 바가 있는 데다 신흥 조동종을 기득권층인 천태종이 탄압할 것은 불을 보듯 뻔했으니 국가의 외호外護가 절실했다. 그래서 도원은 국가를 완전히 멀리하는 데는 실패했다. 막부의 수도인 가마쿠라에 가서 실력자 호조 도키요리北條時賴에게 나라를 법답게 이끄는, 천하를 버리면서도 천하를 얻는 법을 일러주기도 하고, 강한 인상을 심어주기도 했다. 그러면서도 물질을 받지 않는 것, 즉 청정한 승려다운 삶을 사는 도리는 지켰다. 호조 도키요리에게서 땅을 하사받은 제자를 파문시킨 것도, 천황에게서 가사를 하사받고 절대 입지 않은 것도 도원이었다. 권력자들과 '평화 공존'한다 해도 폭력자일 수밖에 없는 그들의 시혜를 받기 시작하면 승려로서는 영원한 죽음에 이른다는 사실을 너무나 잘 안 것이다. 그래서 죽음이 가까웠을 때 그는 오히려 유유자적하고 자신감에 가득 찼다. "산 채 황천에 가리라", "우주를 깨부수네"라고 호언할 만큼. 권좌에 앉은 작자들에게 한 푼도 받지 않고 사는 게 진정 사전死前에도 사후死後에도 복이다. 살인 다음으로 인생에서 피해야 할 것은 바로 권력과 부에 굴종하는 일이다.

불교학도 : 모든 걸 떨쳐버렸다고 했는데, 떨쳐버릴 만한 것은 과연 무엇인가?

시인 : 첫째 하늘만 비추는데도 이미 54년이나 걸렸다니, 자신의 욕망을 떨쳐버리는 일이 이 정도로 어렵다는 것이다. 이 부분에 대한 환상은 도원 스님에게 없었다. 천천히, 거북이 보폭으로, 태어날 때마다 한 하늘을 비추면 된다.

불교학도 : 아니, 왜 하필 산 채 황천으로 가나? 나 같으면 이 세상도 산 채로 살기 싫은데 하물며 황천을…….

시인 : 살 만한 모종의 가치라도 있을 때까지 계속 산 채로 남는

것이다. 이 세상에서 저항할 게 남을 때까지 사는 것이다. 그런 데 그러다가 갑자기 끝이 나고 만다. 이 스님도 비교적 젊었을 때 죽었는데, 그에게는 이미 그 어떤 환상도 없었다. 다만 '산 채로 간다'는 비유법이 보여주는 환상만 조금 남았을 뿐이다.

> 권좌에 앉은 작자들에게 한푼 받지 않고 사는 것이
> 진정 사전死前에도 사후死後에도 복이다.
> 살인 다음으로 인생에서 피해야 할 것은
> 바로 권력과 부에 굴종하는 일이다.

도원 ┊ 道元, 도겐, 1200~1253 ┊ 일본(가마쿠라 시대). 일본 조동종의 개조, 일본 역사 상 대표적인 고승. 교토의 정통 귀족 가문에서 태어났으며, 15세에 출가했다. 먼저 천태 학을 공부했지만, 선 공부로 선회한 뒤 마침내 조동종 천동 여정(天童如淨, 1163~1228) 의 법을 이었다. 귀국한 후에는 천태종 등 경쟁 종파의 탄압으로 결국 에치젠(越前國, 지 금의 후쿠이 현) 지방으로 이사해 거기서 조동종 운동을 전개했다. 수행에서 '지관타좌 (只管打坐)', 즉 오로지 앉아 참선하면서 생각의 흐름을 멈추고 모든 욕망을 다 비우는 방식을 특히 강조했다. 죽기 직전 가마쿠라 정권의 실력자 호조 도키요리(北條時賴, 재 위 1246~1256)의 부름을 받아 가마쿠라에 가서 정권 실세 등을 상대로 설법을 했다. 대 표작인《가자정법안장(假字正法眼藏)》(95권)은 일본 중세 불교의 가장 전형적인 설법 문 모음으로 꼽힌다.

43

超佛越祖
滿八十年
秋風地を捲き
孤月天に遊ぶ
無幻の幻 無病の病
全身塔に入る 石中の蓮

...
나는 부처, 조사보다 늙어
이제는 80세다.
가을바람이 땅을 쓸고
외로운 달은 하늘을 난다.
무몽無夢의 꿈, 무병無病의 병,
온몸으로 탑 안에 들어 연좌蓮座에 오른다.

가을바람과 외로운 달

만산 도백(卍山道白)

'아름다운 원칙주의자' 만산 스님은 일생의 상당 부분을 '원칙
으로의 복귀'에 바쳤다. 에도 막부가 오랫동안 분열돼 있던 일
본 열도를 아우르게 했듯이, 만산 스님은 조동종曹洞宗의 내부
통합과 규율화를 종문宗門의 조사인 도원 스님의 '규율에의 회
귀, 스승과 제자 관계의 정리, 규율을 경시하는 풍토에 대한 반
성' 등을 통해서 기하려 했다. 상당 부분은 아예 막부의 힘을 빌
려서 하기도 했으니, 그렇게 틀린 비유는 아니다. 그 수고를 다
하고 난 뒤에는 여유도 생긴 모양이고, 또 자기 성취의 한계에
도 좀 부딪친 듯했다. 그렇기에 가을바람과 외로운 달이 임종
게에 등장한다. 종문의 규율을 백 번 천 번 복고시키고, 100일
동안 막부 실력자들에게 매일 가서 청원을 해도, 결국 남은 것
은 외로운 가을바람이다. 그걸 생각하면서 살 수만 있다면 얼
마나 아름다운, 깬 생활이겠는가? 모멘토 모리Momento mori,
죽음을 기억하라.

불교학도 '무몽無夢은 곧 무병無病'이라는 말이 있는데, 과연 맞는

말 같다. 내가 세상을 산다는 꿈을 꾸지 않으면 병이 날 일도 없지 않겠는가?

시인 | 그렇다면 심신이 더는 외물에 영향을 받지 않고, 주체가 느끼는 만물은 고요함에 잠긴다. 모든 것이 안에 있고, 고요하게 있고, 걱정들이 없으며, 절망도 없고, 완전한 건강이다. 그리고 무몽의 상태에서 이렇게 모인 종자들은 나중에 미술이나 예술, 행이나 불행이 된다.

불교학도 | 외로운 달을 볼 때야말로 인간이 얼마나 태생적으로 외로운지 이해되는 것 아닐까?

시인 | 달은 외롭기에 만물을 수용하는 듯한 모습이고, 강해 보이며, 모든 것을 다 흡수하는 듯하다. 또 시인들의 친우이기에 더더욱 외로워 보인다. 그만큼 타자들이 외로운 달에 의존할 수도 있다. 그 힘으로 가득 찬 시인 같은 삶은 가벼우면서도 외롭지만, 가끔 견뎌내기가 힘들기도 하다.

종문宗門의 규율을 백 번 천 번 복고시키고,
100일 동안 막부 실력자들에게 매일 가서 청원을 해도,
결국 남은 것은 외로운 가을바람.
그것을 생각하면서 살 수만 있다면…….

만산 도백 | 卍山道白, 만잔 도하쿠, 1636~1714 | 일본(도쿠가와 시대). 조동종 승려. 법명은 도백, 자는 만산, 법호는 복고도인(复古道人). 히로시마 근방 출신으로, 속성은 후지이(藤井)씨다. 도쿠가와 시대 조동종 복고 운동의 창시자인 월주 종호(月舟宗胡, 1618~1696)의 법을 이었으며, 종일 식음을 전폐하고 용맹정진하다가 달이 밝은 밤에 돌연 깨달음을 얻었다는 일화로 유명하다. 막부의 힘까지 빌려 종단을 재정비했으며, 여덟 개의 새로운 사찰을 세운 것으로도 잘 알려져 있다.

44

講法多差失
指西還作東
今朝大笑去
楓岳衆香中

...

강법에 잘못과 실수가 많아
서쪽을 가리키는데 도리어 동쪽으로 향한다.
오늘 아침에 크게 웃어
풍악산의 여러 향기 속으로 떠난다.

크게 웃고 떠난다

호암 체정(虎巖體淨)

수백 명의 제자를 두었던 큰 스승 호암 스님……. 강법講法, 불법에 대한 강의를 무척 많이 하신 분이다. 강의를 하고 나서야 그 강의에 무슨 문제가 있었는지 깨닫는 경우가 있다. 나도 그런 경험을 많이 해왔다. 강의하고 나서 스스로 만족한 적은 없었다. 늘 부족함을 느끼는 이유가 뭘까? 실제로 강의를 하면 할수록 지식이 부족함을 느끼는 부분도 있지만, 가면 갈수록 뭔가의 중심, 가장 중요한 부분은 어차피 혀만 가지고는 전달할 수 없다는 걸 느끼기 때문이기도 하다. 강의를 아무리 잘해도 사람이 어떻게 살아야 고통을 덜 받는지부터 설명하기는 어렵다. 상대방이 이심전심으로 이해하지 않으면 안 되는 것이다. 더군다나 아예 더 이상 태어나지 않는 법을 어찌 말로 설명하겠는가? 원하든 원하지 않든 동문서답이다. 결국 남은 일은? 웃음을 머금고 풍악산(금강산) 속으로 영원히 가버리는 것이다. 이를 지켜보면서 남은 이들은 뭔가를 체험할 것이다. 말없이.

불교학도 지서指西한다고 해서 작서作西가 나올 것이라고 정말 생각하는가? 인간은 도대체 왜 질문을 하는지 나로서는 알 수가 없다.

시인 | 모든 것은 있는 그대로다. 동시에 표리부동表裏不同하지 않은 것은 이 세상에 없기도 하다. 타자의 진리와 당신의 진리에 간극이 생기는데, 그럴 때 미소 한 자락만이 허락된다. 말보다 차라리 미소가, 상이한 두 진리의 간극을 메꿀 수 있겠다.

불교학도 | 풍악산(금강산)의 향기를 논하는 걸 보니 이미 풍악산에 가보셨다고 봐야 하지 않겠는가?

시인 | 세상만사를 다 논할 수 있어도 풍악산의 향기로움이란 형언할 수 없다. 그래서 거기에 가고 싶은 것이다. 존재하지 않는 곳으로 간다는 비유적인 이야기다. 거기에 가서 소리 없는 향기로움의 언어를 들으려 했을 것이다. 그리고 모든 질문과 대답에 대해서는 머리를 살짝 저으며 침묵으로 일관할 뿐이다. 어쩌면 호암 스님은 거기에 가봤다고도 할 수 있을 것이다. 향기로운 녹색으로 뒤덮인 지축, 세계 중심 격의 산에 가봤다고 ……. 우리가 거기에 갈 수 없으니 그 산이 결국 우리에게 찾아올 것이다.

가장 중요한 부분은 어차피 전달할 수 없다.
어떻게 살아야 고통을 덜 받을지는 설명하기 어렵다.
이심전심으로 이해하지 않으면 안 된다.
더군다나 더는 태어나지 않는 법임에랴?

호암 체정 | 虎巖體淨, 1687~1748 | 한국(조선 중기). 선승(禪僧). 속성은 김(金)씨,
본관은 흥양(興陽)이다. 법호는 호암(虎巖). 전라북도 고창의 흥양 출신. 1701년에 출가
했으며, 지안(志安)의 법을 전수받았다. 이후 통도사와 해인사에 주석하며 후학을 양성
했고, 사승으로서 상당한 인기를 누렸다. 그 뒤 해남 대흥사로 가서 학인들을 가르쳤는
데, 이때 정진당(精進堂)에서 열린《화엄경》법석(法席)은 성황을 이루었다. 만년에는
오직 좌선(坐禪)만 하다가 금강산 표훈사(表訓寺)에서 열반했다. 제자로는 유일(有一),
상언(尙彦) 등이 있다. 조선 후기의 대표적인 학승이다.

45

年逾八十似空花
往事悠悠亦眼花
脚未跨門還本國
故園桃李已開花

...

80년 삶은 허공의 꽃 같고
지난 일은 여전히 눈앞 꽃이네.
다리가 문지방 넘기 전에 이미 고향이고
옛 정원의 복숭아, 오얏 꽃이 이미 피었네.

跨 타넘을 과

팔십 년 삶이 허공의 꽃

경성 일선(敬聖一禪)

허공 속의 꽃, 눈앞의 꽃, 옛 정원의 꽃……. 인생의 총체적인 표현은 '꽃'이다. 인생 전체가 '꽃'의 연속이다. 인생을 시작할 때 젊은 날의 온갖 열망이 모두 꽃피는 것이다. 또 지나고 나면 그 열망들이 모두 허공 속의 꽃일 뿐이었음을 깨닫는다. '중생을 구제하겠다' 또는 '혁명을 일으켜 세상을 바꾸겠다'는 열망의 동기는 순수하고 좋았지만, 사바세계는 그렇게 쉽게 바뀌지 않는다. 약간의 진전은 있어도, 삶살이의 고통이 진화될 뿐 결코 없어지는 법은 없다. 그러다가 지난날의 열정이 눈앞에 아득하게 보이는 꽃으로 남는다. 이겼든 졌든 잘했든 못했든 남은 건 그것이다.

그리고 떠나기도 전에 이미 보인다. '나'의 진짜 고향, 즉 '나'와 '너'가 없는 '그곳'에서 벌써 '나'는 또 하나의 꽃으로 태어나는 것이다. 인생 고민의 궁극적 해결책이 그것 말고 또 있겠는가? 열정도 희망도 필요 없는 것은 아니다. 열정과 희망으로 세상이 돌아간다. 한데, 돌아간다는 것은 한편으로 '돌고 돈다'는 이야기도 된다. 그걸 벗어나려면 옛 정원의 꽃을 볼 줄 알아야 하는 것이다. 하지만 내 마음 안의 꽃을 보자면 마음에 여유가 있어야 하는데, 현대 자본주의 사회는 우리에게 우리 자신을 천천히 돌아볼 여유를 절대로 주지 않는다.

불교학도 | 여기서 허공의 꽃이 나오는가 하면 옛 정원의 복숭아, 오얏 꽃도 나온다. 그러면 어느 쪽이 진짜인지 사람들이 왜 모르는가?

시인 | 옛 정원은 그대로 있고, 거기서 모든 일이 다 이루어지지만, 우리는 이를 관찰할 줄 모른다. 허공 꽃의 향기가 우리를 하도 취하게 만들기 때문이다. 그렇기에 우리는 있는 그대로의 사물의 본질을 놓치고 만다.

불교학도 | 그 문지방이라는 것이 과연 높다고 보는가?

시인 | 그 문지방은 세상의 경계를 의미하며, 모든 것을 내포한다. 창세부터 말세까지, 인생의 주기부터 세계를 유지시키는 힘까지. 그러나 높이는 결국 그 문지방을 보는 우리의 시선에 좌우된다. 우리의 시선, 우리 마음이야말로 세상과 그 경계들을 만드는 핵심이다.

인생은 '꽃'의 연속이다.
젊은 날엔 온갖 열망이 다 꽃피지만,
지나고 나면 모두 허공 속의 꽃일 뿐임을 깨닫는다.
그리고 또 하나의 꽃으로 다시 태어난다.

경성 일선 | 敬聖一禪, 1488~1568 | 한국(조선 중기). 선승(禪僧). 성은 장(張)씨. 호는 휴옹(休翁), 선화자(禪和子), 경성(敬聖) 또는 광성(廣聖). 경상남도 울산 출신. 조실부모한 뒤 13세 때 단석산에 있던 해산(海山)에게 의지해 3년 동안 심부름을 하다가 1503년에 출가했다. 화두 참구로 깨달음을 얻었으며, 그 뒤 표훈사(表訓寺)와 상원암(上院庵) 등에서 지냈다. 사민(士民) 사이에 인기가 많아서 '혹세무민'의 의혹을 받아 성리학 관료에 의해 투옥되었다가 방면된 바 있다. 입적하기 직전 제자들에게 "모든 인자(仁者) 또는 정념(正念)을 가지고 애착을 품지 말며, 또한 속(俗)을 따라서 쓸데없이 일을 떠벌이지 마라"라고 당부하고, 자신의 시체를 새와 짐승에게 먹이라는 유언을 남긴 채 단정히 앉아서 열반했다. 제자로는 의웅, 의변(義卞), 선등(禪燈), 일정(一精), 성준(性峻) 등이 있다.

46

四十有八
聖凡盡殺
不是英雄
龍安路滑

…
나이 마흔여덟에,
성인도 범인도 모조리 죽였네.
영웅이라서 아니고,
용안 길이 미끄러워서 그랬네.

성인도 범인도 모조리 죽였네

도솔 종열(兜率從悅)

촌철살인寸鐵殺人, 임제종 선사다운 기풍이다. '죽인다'는 것은 비유적으로 참 많은 뜻을 가지고 있다. '죽여주세요'는 '오르가슴을 느끼게 해달라'는 이야기도 될 것이고, '나를 숨이 넘어가도록 웃겨 봐' 같은 이야기도 될 것이다. 이런 경우에 '죽임'은 '쾌락'의 비유다. 그런데 만해 스님이 제자들에게 "나를 매장해달라. 나를 죽여 달라"고 부탁했을 때엔 이런 뜻도 아니지 않았는가? '나보다 더 잘해서 나에게 길을 보여 달라', '청출어람의쾌거를 이루어라' 정도의 이야기였을 것이다.

이 임종게는 자신감 있는 선사의 사자후獅子吼다. 그는 남들보다 '거기'에 가까워졌다는 걸 자신한다. 그리고 근거도 있다. 왜냐? 그는 용안, 용궁으로 가는 길이 얼마나 미끄러운지 알기 때문이다. '그' 길로 가는 사람마다 한두 번은 넘어지게 돼 있다. 도솔 스님을 포함해 모든 진리 탐구자에게 해당되는 이야기다. 도솔 스님은 그걸 안다. 자신의 '처지', 자신이 처해 있는 '장소'를 아는 것이다. 자신이 성인도 범인도 아님을 알고, 세상에 완전한 성인도 완전한 범인도 없음도 체득했다. 이 정도 됐으면 '진살盡

殺'이다. 안심하고 미끄러운 길로 조심스럽게 가면 된다.

불교학도 | 성인도 범인도 모조리 죽였다면, 용안의 용도 같이 죽여야 하지 않을까?

시인 | 영웅은 자신을 가리켜 '길道을 정복했다'고 자신한다. 하지만 완전한 정복이란 없다. 미끄러운 길을 가는 사람이라면 이를 너무나 잘 안다. 범인도 성인도 정복할 수 없고, 또렷이 상상할 수도 없는 것이 바로 그 '용'이다. 그를 목적지로 삼아 길을 갈 수는 있어도, 그 길의 끝은 안개 속에 갇혀 보이지 않는다.

불교학도 | 영웅이 아니라니, 위선적인 지나친 겸양 아닌가? 부자연스럽게 들린다.

시인 | 열정을 불사르고, 각종 타자들과 연대하며 수많은 업적을 이루어 남들에게 드디어 존경받는 사람은 '영웅'이다. 그런데 도솔 스님에게 이것만큼은 한참 부족하다. 그는 성인과 범인을 죽이는 동시에, 야심이 돋아나올 수 있는 '영웅'으로서의 자신마저도 죽인다. 죽은 채 용안으로 가는 미끄러운 길에 들어선 것이다.

자신이 성인도 범인도 아니며
세상에 완전한 성인도 완전한 범인도 없음을
체득하는 순간,
안심하고 미끄러운 길로 조심스럽게 가면 된다.

도솔 종열 | 兜率從悅, 1044~1091 | 중국(송나라). 임제종 황룡파(黃龍派) 승려. 건주 (虔州, 지금의 장시 성 간저우 시) 출신. 보봉 극문(寶峰克文, 1025~1102) 선사의 제자로 시와 문장을 잘 지었으며, 납자들을 잘 지도한 것으로 유명했다. 오랫동안 융흥(隆興, 장 시 성의 난창南昌)의 도솔원(兜率院)에서 주석했다. 승려들과 널리 친교했던 승상(丞相) 장상영(張商英)의 주청에 따라 사후에 송나라 조정으로부터 '진적(眞寂) 선사'라는 시호 를 받았다.

47

人生命若水泡空
八十餘年春夢中
臨終如今放皮袋
一輪紅日下西峯

...

사람의 목숨이란 속 빈 물거품이니
80년 동안이나 봄꿈 속에 있었네.
인제 끝내 가죽주머니를 버려 돌아가나니
둥그런 붉은 해는 서산에 지고 있네.

袋 자루 대

가죽주머니를 버리고

태고 보우(太古普愚)

태고 스님, 당신의 인생을 살펴보면 어쩌면 교과서적이라 하겠다. 인생을 살면서 후세에게 본보기라도 제공할 생각이 있었나 보다. 비교적 이른 나이인 13세에 출가해 19세부터 화두 공부를 하고, 만법귀일萬法歸─이라든가 무자無字 화두* 등 가장 핵심이 되는 화두들을 참구했으며, 또 《원각경》을 읽다가 갑자기 깨칠 것을 깨치는 등, 말 그대로 선승으로서 챙겨야 할 일은 다 챙겼다. 거기에다 중국에 가서 임제선의 대가 석옥 청공石屋淸珙(1272~1352)이라는 '외국 석학'에게 인정을 받고, 국내에 돌아와서도 공민왕에게 "인자한 마음으로 나라를 다스려라. 시대의 폐단과 운수의 폐단을 살펴라"라는 교과서적인 훈수를 두었다.

또한 신돈辛旽이 '사승邪僧', 즉 귀족사회에 받아들여지지 못할 승려임을 바로 알아차려 그의 정책에 반대하고, 결국 고려 우왕에 의해 국사로 발탁되었다. 거쳐야 할 '단계'들을 하나하나 모두 거치고, 이 세계에서 '교과서적 승려'가 가져야 할 명예를

---

* 조주(趙州) 선사와 제자 사이에 있었던 일화에서 유래한 것으로, "개한테 불성이 있느냐"는 제자의 질문에 조주가 "무!"라고 말했다는 것이다. 바로 이것이 후에 무자 화두로 전개되었는데, '무'라는 답변이 아닌 그 글자에 대한 의문 방식이 무자 화두다. '개에게 불성이 없음'을 말하는 '구자무불성(拘子無佛性)'이라고도 한다.

차례대로 다 가졌다.

그게 다 물거품이자 봄꿈이라는 걸 스님도 깨닫고 가죽주머니를 버린 것인가? 아니면 가죽주머니를 버리는 순간에도 계속 '교과서'를 쓰고 있었나? 그 순간에도 원래 왕의 농장이었다가 나중에 스님의 농장이 된 한양 광주 인근의 미원장迷元莊이나, 거기서 스님의 엄청난 재산을 더욱더 늘리려고 하루하루 견마지로犬馬之勞를 아끼지 않던 그 많은 노비를 생각했나? 그건 아무도 모른다. 그래도 서산에 해가 지는 것을 직접 보면서 스님이 '교과서'나 재산에 대한 집착을 버렸을지도 모르는 일이다.

불교학도 │ 태고 스님, 오로지 봄꿈만 꾸었는가? 겨울꿈도 꾸시지?

시인 │ 스님이 정말 깨침을 얻었다면, 끝내는 스님에게 신체를 초월할 수 있는 감각이 생겼을 것이다. 그 상태에서는 가죽주머니를 떠나 계속 굴러가도 된다.

불교학도 │ 가죽주머니를 버릴 때, 그 안에 내용물이나 좀 됐는가?

시인 │ 운명의 여신 '볼바volva'가 세상과 절연하고 무덤으로 들어갔을 때, 그녀는 죽음의 관문에서 잠을 잔다. 그러고는 왕래 없이 기다린다. 그녀는 자신의 가죽주머니에다 절대로 아무것도 쌓아두지 않는다. 쌓아둔 것에 대한 애착이 남았다면, 깨침과 거리가 먼 것이다.

봄꿈일 뿐임을 깨닫고 가죽주머니를 버렸나?
아니면 그 순간에도 계속 교과서를 쓰고 있었나?
서산에 해가 지는 것을 직접 보면서
교과서적 삶이나 재산에 대한 집착을 버렸을지도······.

태고 보우 | 太古普愚, 1301~1382 | 한국(고려 말기). 임제종 승려. 속성은 홍(洪)씨. 법명은 보허(普虛), 호는 태고(太古). 홍주(洪州) 출신. 13세에 출가해 양주 회암사(檜嚴寺) 광지(廣智)의 제자가 되었고, 얼마 뒤 가지산(迦智山)으로 가서 수행했다. 19세부터 '만법귀일'의 화두를 참구했고, 26세에 국가 시험인 화엄선(華嚴選)에 합격했는데, 그 후 경전 공부를 그만두고 오로지 참선에 몰두해 세 번 깨치는 경험을 얻었다고 한다. 중국 영가(永嘉) 대사의 〈증도가(證道歌)〉를 본떠서 유명한 〈태고암가〉 1편을 지었다. 원나라에 건너가 천호암(天湖庵)의 석옥 청공을 만나 도를 인정받았고, 40여 일 동안 석옥 곁에서 임제선(臨濟禪)을 탐구했다. 귀국한 뒤 전주 보광사(普光寺)에 가서 머물렀으며, 우왕에 의해 국사로 봉해졌다. 시호는 원증(圓證)이며, 현재 대한불교조계종의 종조(宗祖)로 받들어지고 있다.

48

道在乘時須濟物
遠方來慕自騰騰
他年有叟情相似
日日香煙夜夜燈

...

도가 있으면 때를 타고 모름지기 만물을 구제하니
멀리서 와 가르침을 우러러보고 스스로 등등하도다.
다른 해에 늙은이가 있어 마음이 서로 통할 것이니
날마다 향불, 밤마다 등불이라.

날마다 향불, 밤마다 등불

풍혈 연소(風穴延沼)

"말을 해도 부처의 법을 범하고, 말을 안 해도 부처님의 법을 범하니 어떻게 해야 하나?"라는 질문에 풍혈 스님은 "강남의 3월에 자고새가 울고 백화가 만발하니 향기롭다"라고 하지 않았던가? 이게 바로 임제종이다. '하면 된다', '하면 안 된다' 따위의 논리적·이성적 사고는 필요 없다. 좌뇌의 기능을 일시적으로 멈춘다. 대신에 말이 없는 '그림'과 '느낌'이 벼락처럼 갑작스럽게 우리 머리를 정복한다. "자고새가 울고 백화가 만발하고 향불에서 향기가 나고", 그리고 결국에는 "스스로 등등"해지며 '지금 여기'가 깨달음의 "등불"이라는 자신감이 온다. 그 순간에는 '나'와 '너'가 따로 없기에 풍혈 스님 같은 임제종 승려는 관사官숨에서 살아도 당당하고, 탁발을 해도 당당하다. 관이든 민이든 어차피 '나'와 다름이 없기 때문이다. 그 마음가짐으로 만물을 구제하는 일은 마땅할 것이다. 다른 만물은 몰라도 인간이라는 동물은 논리적이며 이성적인 사고로부터의 '휴식'을 강하게 원할 때가 있기 때문이다.

그런데 논리와 이성으로 돌아가는 세계에서 풍혈 스님 같은 분이 하도 쉽게 황제로부터 사액賜額을 받고 관료로부터 넉넉한 희사喜捨를 받으니, '밤마다의 등불(종교적 열정)'이 '관사의 난로(현실에의 안주)'로 변해버리기가 좀 쉬운 편이다. 등등한 것도 좋은데, 날마다 세속의 마각이 벌써 '나'를 붙잡지 않았는지 세 번이나 반성하는 일도 좋을 것이다.

불교학도 | 만물 구제라니, 일단 자기 자신부터 구제해야 하지 않을까? 자기부터 구제하는 것이 만물 구제의 시작일 테니 말이다.

시인 | 도道에 통달했다면 한 개인의 마음은 만인의 마음이 된다. 그리하여 자신의 마음을 구제함으로써 만인의 마음도 구제할 수 있고, 반대일 수도 있다. 풍혈 스님에게도 '나'와 '타자' 구제의 차이가 상대적이지 않았던가?

불교학도 | 그런데 밤에 왜 등불이 필요한가? 잠이나 잘 일이지…….

시인 | 등불이야 늘 있는데, 이걸 쓰느냐 쓰지 않느냐는 개개인의 선택이다. 깨침을 얻고 나서도 등불을 밝혀 밤마다 마음공부를 하는 것은 그 깨침을 유지하려는 차원에서 필요할 수도 있다.

이성적인 사고가 멈추는 순간,
'나'와 '너'가 따로 없다.
관사에서 살아도 당당하고,
탁발을 해도 당당하다.
그 마음가짐으로 만물을 구제할지니…….

풍혈 연소 | 風穴延沼, 896~973 | 중국(오대五代, 송나라). 절강성 여항(餘杭) 출신. 30세에 출가한 뒤 천태 덕소(天台德韶, 891~972)에게 사사(師事)해 그의 법을 이어받았다. 이후 절강성 항주(杭州) 남병산(南屛山) 영명사(永明寺)에 주석했다. 선교일치(禪敎一致)의 체계를 세웠고, 선(禪)과 염불을 함께 닦을 것을 권장해 염불선(念佛禪)의 기초를 놓았다. 시호는 지각(智覺) 선사. 저서에 《종경록(宗鏡錄)》, 《만선동귀집(萬善同歸集)》, 《영명지각선사유심결(永明智覺禪師唯心訣)》이 있다.

49

本無生滅事
何有去來時
覓祖山高屹
月明清風拂

...

본래 생하고 멸하는 일이 없으니
어떻게 가고 오는 때가 있겠나.
조사 찾는 산이 높은데
달 밝고 맑은 바람 부는구나.

屹 산 우뚝 솟을 흘

가고 오는 때가 있겠나

대은 김태흡(大隱 金泰洽)

조사祖師들의 산은 정말 높은가? 꼭 그렇지만은 않다. 수많은 조사가 '왕사王師'와 '국사國師'가 되는 걸 부끄러워하지 않았으며, 불자가 마땅히 사갈시해야 할 권력의 은총을 입으려고 서로 경쟁을 벌이곤 했다. 그들 중에 폭력이 무엇인지 제대로 체험하지도 않고 국가 폭력의 편에 선 이들도 있었지만, 김태흡 스님만큼은 그걸 모를 리도 없었다. 1923년 도쿄 유학 시절 간토대지진關東大地震의 참상 속에서 조선인을 죽이겠다는 자경단自警團의 광란을 가까스로 피한 경험도 있지 않았던가? 죽는 게 얼마나 무서운지 뻔히 알면서도, 당신이야말로 1930년대 말 이후로 조선 젊은이들을 전쟁터로 내모는 데 앞장섰다. 게다가 당신은 죽음을 두려워하는 그들의 감정을 '아집'이라 질타하며, 아집을 버리고 대일본제국을 위해 빨리 죽으라고 강요했다. 당신도 아집을 버릴 때가 되었을 때, 당신은 어땠을까?

산 생명에게 죽으라고 망발을 한 데 대해 당신은 사람들 앞에서 사과 한마디 하지 않았지만, 마지막 순간에 '저쪽', 영원한 우리 고향의 맑은 바람을 몸으로 느꼈을 때는 마음속으로라도 사과를 했을 것이라고 믿고 싶다. 최악의 국가 끄나풀이었다 해도, 마지막 순간에는 잃어버린 인간으로서의 본성을 되찾았을 거라고, 너무나 믿고 싶다.

불교학도 : 조사를 왜 찾는가? 선종의 옛말대로 조사와 부처를 죽이는 게 낫지 않겠는가?

시인 : 바람은 시원하고 맑다고 하니, 결국 생사에 대해서 뭔가를 깨달은 셈이다. 생사 문제에 대한 고민이 없어졌다면, 여기에 더 이상 묵을 일 없이 그냥 가야 한다. 공연히 높기만 한 조사들의 산을 찾을 필요는 정말 없다.

불교학도 : 임종하는 이에게 부는 바람은 곧 그가 가는 걸 막는 역풍이 아닌가?

시인 : 원하든 원하지 않든 어차피 바람은 불어 그가 있을 곳으로 순식간에 옮겨놓을 것이다. 그 순간에는 순풍과 역풍을 구분하려는 마음은 없어지고 만다.

생사 문제에 대한 고민이 없어졌다면,
더 이상 여기에 묵을 일 없이
그냥 가야 한다.
바람은 시원하고 맑다고 하니······.

대은 김태흡 | 大隱 金泰洽, 1899~1989 | 한국(조선 말기, 일제강점기). 승려, 불교
활동가. 일반적으로 김대은(金大隱) 또는 석대은(釋大隱) 스님으로 알려졌다. 법주사 강
원 대교과를 이수하고 10년 동안 독학으로 일본 도쿄에서 인도철학과 종교학을 공부했
으며, 간토대지진 시절 조선인 학살을 기적적으로 피했다. 그러나 이 같은 체험에도 불
구하고 1928년에 귀국한 후 대체로 일제에 타협적인 자세를 보였으며, 특히 1937년 일
제가 중국 침략을 노골화한 뒤로는 대표적인 친일 승려로 알려졌다. 조선 불교 중앙교
무원 초대 중앙포교사로 활동하다 1935년 8월에《불교시보》를 창간(1944년 4월 종간)
했는데, 이 잡지는 바로 조선 불교를 일본 제국의 부속품으로 만들려는 그의 주된 활동
무대가 되었다. 전시에 일제 군대 지원 및 징병을 적극적으로 권장했으며, '백인 세력들
과 야합한 중국인들은 악마'라는 등 불교 승려로서 상상하기 어려운 말들을 내뱉었다.
일제가 패망한 뒤 한마디의 참회도 없이 대장경 번역위원이 되어 한글대장경 번역에 종
사했다. 1989년 4월, 서울 상도동의 사자암에서 입적했다.

50

一切有爲法
本無眞實相
於相若無相
卽名爲見性

…
이루어짐이 있는 모든 법은,
본래 진실된 모습은 아니네.
모든 현상이 실상 없는 것임을 알면
그걸 일러 깨달음이라 하네.

실상 없는 것

혜월 혜명(慧月慧明)

　당신의 스승 경허鏡虛 스님이 '불'이었다면, 당신은 '물'이다. '불'은 모든 것을 태워 없애고 인간의 모든 망상을 살라버리지만, '물'의 덕德은 포용이다. 모든 것을 받아주고 안아주고, 그 무엇도 차별하지 않는다. 그게 바로 당신의 '모습 없는 모습'이다. 도둑에게 자신이 가진 쌀을 다 내주고도 "필요하면 또 찾아오라"고 한 당신은, 그 도둑을 부처로 대접한 것이다. 사실 본인이 몰라서 문제지, 도둑도 결국 부처다.

　도둑도 스님도 '진실된 모습'은 아니다. '이루어짐[有爲]', 즉 늘 변하고 변하는 이름일 뿐이다. 그걸 벗겨내면 결국 아무것도 없다. 어쩌면 잘못된 인연이 만들어지면 '스님'은 '도둑' 이상의 도둑질을 하고, '도둑'은 '스님' 이상으로 부처에 가까울 수도 있다. 그게 이 세상의 마지막 진리인데, 당신은 그걸 실천하면서 살았고, 염하면서 죽었다. 동자승을 '큰스님'이라고 대접하곤 했던 당신 같은 사람에게야말로 '큰스님'이라는 이름이 어울린다. 진실로 '큰' 것은 바로 '큰 것'과 '작은 것'의 차이를 잊을 줄 아는 지혜이기 때문이다.

당신은 스님이기 전에 농사꾼이었다. 모를 심고 벼를 거두는 일을 낙으로 알고 살았다. 사실 그래야 '깨달음'의 씨앗을 다른 농사꾼들의 마음속에 뿌릴 수 있는 것이다. 그리고 그 씨앗들이 계속 새싹으로 이어지고, 당신을 생각하는 사람마다 당신의 소탈한 모습을 떠올리며 행복한 미소를 짓는다면, 당신은 죽을 일도 없고 더 이상 살 일도 없다. 만고의 세월이 지나 당신의 이름마저 잊혀도 타자에게 자신의 모든 것을 내주려 한 당신의 무소유의 마음은 계속 어디엔가 남을 것이다. 이를 가리켜 '불멸不滅'이라고 한다.

불교학도 | 일체 법이 다 진실된 모습은 아니라면, 굳이 임종게를 쓰고 공연히 말을 할 필요가 있겠는가?

시인 | 일체 법이 다 거짓된 모습이라고? 우주의 공空함은 말로 표현할 수 없는 뭔가로 채워져 있다. 이를 이해하는 순간, 바로 깨달음을 얻는다. 임종게라는 것은 결국 길 없는 길에서 방향을 제시해주는 표지판에 가깝다.

불교학도 | 깨달음에 대한 이야기를 그만두는 일이야말로 깨달음에 가깝게 가는 방법은 아닌가?

시인 | 운명의 여신 '볼바'는 무덤 속에서 공_空을 찾으려고 한다. 그녀는 벗어던질 만큼의 물질만을 필요로 한다. 그러나 모든 물질을 다 벗어던지고자 하는 그녀가, 그래도 다른 신들과는 종종 대화를 나눈다. 없으면 안 될 앎을 그들에게 전해주기 위해서다. 혜월 스님의 논리도 이와 같지 않았던가?

만고의 세월이 지나 당신의 이름마저 잊혀도
타자에게 자신의 모든 것을 내주려 한 무소유의 마음은
계속 어디엔가 남을 것이다.
이를 가리켜 '불멸'이라 한다.

혜월 혜명 | 彗月慧明, 1861~1937 | 한국(조선 말기, 일제 강점기). 선승(禪僧). 충남 예산 출신. 속성은 신(申)씨, 본관은 평산(平山)이다. 13세에 덕숭산 정혜사로 입산해, 15세 때 혜안(慧眼) 스님을 은사로 출가사문이 되었다. 이후 24세에 경허 스님을 만나면서 새롭게 발심했다. 경허 스님은 화두 참구로 깨달음을 이룬 그를 인가(印可)하고 '혜월'이라는 법호를 지어주었다. 혜월은 경허 스님의 최초의 제자였다. 그는 깨달음을 이룬 뒤 27년간 덕숭산에 머물다 경허 스님이 입적한 뒤인 1913년 남방으로 거처를 옮겨 정진했다. 결국 부산 선암사에 머물며 납자들을 지도하는 등 지역 불교 지도자가 되었다. 선농일치(禪農一致)의 삶을 살았고, 무소유 정신으로 유명했으며, 사람들 사이에서 하등의 차별을 두지 않았던 것으로도 이름이 났다. 제자로는 운봉(雲峰), 호봉(虎峰), 운암(雲庵), 철우(鐵牛) 스님 등이 있다. 부산 안양암 성공(性空) 스님도 10년간 그를 시봉했다.

51

西來無文印
無傳亦無受
若離無傳受
烏兎不同行

···

서쪽에서 온 무늬 없는 법인은
전할 것도 받을 것도 없으리라.
만약 전하고 받는 것을 버리면
해와 달은 동행하지 않으리라.

운봉 성수(雲峰性粹)

여기서 '무늬가 없다'는 것이 무엇보다 핵심이다. 운봉 스님 같은, 어렸을 때부터 '끝까지' 철저하게 수행을 한 '부지런한 도인'에게 "불교의 내용이 뭐냐?"라고 물으면 '무늬가 없다'는 선답禪答이 돌아올 것이다. 무늬가 없다, 즉 '가식이 없다', '애욕도 감정도 탐심도 없다'는 게 이 못나고 어리석은 중생이 아는 '최고의 불교'였을 것이다. 복잡한 교리 따위는 필요 없다. 다만 부질없는 생각의 흐름, 감정의 흐름만 차단할 줄 알면 된다. 만사형통이다. 해와 달도 더 이상 좇아가지 않을 정도다. "저 건너 갈미봉에 비가 묻어오는구나. 우장 삿갓 두르고서 김을 매러 가야겠다." 단순미單純美가 빼어난 이 순한글 육자배기도, 먼길을 준비하려는 스님이 그런 마음 상태에서 쓴 것이 아닌가?

"非山又非野 庵隱松竹岑 僧睡雀復啼 且道是何心(산도 들도 아닌데 / 암자만이 솔밭 속에 숨어 있네. / 스님은 앉아 졸고 참새는 노래한다. / 일러라 이것이 어떠한 마음인가?)"

운봉 스님, 이것이 당신이 깨쳤을 때 쓴 시다. "스님은 앉아 졸고 참새는 노래한다"는 게 바로 무늬 없는 정신의 다른 말이다. '이성'임을 거짓으로 일컫는 감정의 흐름이 '잠자면' 우리는 참새의 지껄임처럼 논리적으로 해부되지 않는, 그래서 진실된 윤회 바깥의 소리를 들을 수 있다. 그러고 나서 더할 수 없는 기쁜 마음으로 삿갓을 두르고 멀리 보이는 산 쪽을 향해서 김을 매러 가면 된다.

불교학도 | 끝에 가서 한 번 하는 것보다 매일 김을 매는 것이 낫지 않을까?

시인 | 인생 최후의 산에서도 잡초들이 자란다. 적어도 그렇게 생각할 줄 아는 것이 중요하다. 사람은 깨달으면 깨달을수록 그 깨달음에 안주하면 안 된다. 당신이 높이 올랐다 해도, 멀리 나갔다 해도 당신 눈앞에 있는 잡초를 볼 줄 알아야 한다. 마음속의 잡초 말이다.

불교학도 | 갈미봉에 오는 비는 몸을 씻는 좋은 목욕이 되지 않을까?

시인 | 《에다》를 보면 항해의 신 뇨르드가 막노동하는 모습을 자주 접할 수 있다. 그는 남을 높이고 자신을 낮추니 늘 사랑과 존경을 받기도 하고 패러디를 당하기도 한다. 그런데 그는 웃

음거리가 되는 것도 즐긴다. 갈미봉에 가서 그 비로 마음을 씻으면 웃음거리가 되는 것도 감수하는 사람이 될 수 있을 것이다.

복잡한 교리 따위는 필요 없다.
다만 부질없는 생각의 흐름, 감정의 흐름만
차단할 줄 알면 된다.
만사형통이다.

운봉 성수 | 雲峰性粹, 1899~1946 | 한국(조선 말기, 일제 강점기, 해방 직후). 선승 (禪僧). 경북 안동 출신. 속성은 정(鄭)씨. 이름은 성수(性粹). 13세 때 불공을 드리는 중에 발심해 출가 득도하고, 23세에 부산 범어사에서 구족계를 받았다. 여러 사찰을 두루 찾아보고 여러 스승을 만난 뒤 백암사에서 홀연히 깨치는 체험을 했으며, 이후 부산 선암사에서 혜월 스님에게 인가를 받았다. 일제 강점기의 선 부흥 운동에 앞장섰다. 입적을 앞두고 한 제자와 나눈 대화가 유명하다. "스님은 입적한 뒤에 무엇이 되시겠습니까?" "동쪽 마을 시주네 집에서 물소가 되겠다." "그러면 소라고 불러야 합니까, 스님이라고 불러야 합니까?" "풀을 먹고 싶으면 풀을 먹고, 물을 먹고 싶으면 물을 먹느니라."

52

木人嶺上吹玉笛
石女溪邊亦作舞
威音那畔進一步
歷劫不昧常受用

...

나무 사람 고개에서 옥피리 부니
돌여자가 시냇가서 춤을 추노라.
위음불 이전으로 한 걸음 나아가니
역겁에 밝고밝아 늘 수용하리라.

늘 수용하리라

향곡 혜림(香谷蕙林)

"천언만언千言萬言은 다 몽중설몽夢中說夢이오." 향곡 스님은 이
말을 스승인 운봉 스님에게 해서 그의 인가를 받았다. 사실 굳
이 진리를 '말'로 설명하자면 이 말 이상의 진실은 없을 것이다.
우리는 이 세상을 이해하려는 노력을 당연히 쉼 없이 해야 하
지만, 결코 지식이나 생각, 말 가지고는 '궁극의 진실'에 도달할
수 없다. 왜냐? 우리도 세상의 일부분이기 때문이다. 부분으로
전체를 올바르게 판단할 리는 만무하다. 우리가 아는 것은 결
국 전체의 아주 자그마한 '부분'일 뿐이다. 인간은 '절대 진실'을
안다고 주장할 수도 없고, 심지어 자기를 둘러싼 자기 인생의
'상황'도 제대로 파악하지 못하는 경우가 대부분이다. 물론 받아
들일 수 없는 일에는 저항할 줄도 알아야 하지만, 우리에게 주어
진 '인생' 자체는 일단 '수용'하는 태도가 좋을 것이다. 왜 하필 이
런 인생을 사는지, 우리도 어차피 제대로 알 수 없기 때문이다.

불교란 억겁에 정신을 팔지 않고 우리에게 주어지는 것들을
다 받아들이며, 결국 모든 것을 초월하는 마음의 자세를 뜻한
다. 우리가 성냄과 탐욕, 분노 없이 이 삶살이, 우리에게 주어

진 인연들을 안아주면, 나무 사람이 피리를 불고 돌여자가 춤을 추듯 우리에게 이유 모를 환희심이 생긴다. 마음에 평화가 찾아오고, 마침내 인생에 '뜻'이 생기는 것이다. 그리고 바로 이런 상태에서 환희의 마음으로 남들과 연대하고 불의에 저항할 수 있는 것이다. 실은 그래야 아집이 방해하지 않는 타자들과의 연대와 연대적인 투쟁이 가능하다.

불교학도 : 옥피리 소리를 들으려면 어떤 귀를 가져야 하는가?

시인 : 《에다》에 '글라이프니르'라는 주술적인 포승捕繩이 등장한다. '펜리스'라는 혼돈의 늑대(말세의 괴물)도 끊을 수 없는 이 포승은 산속이나 지하에 사는 난쟁이(드워프)들에 의해 산의 뿌리, 물고기의 침 등 존재하지 않는 것들로 만들어졌다. 그 난쟁이들은 황금 시대의 비밀을 알고 있지만, 그 비밀은 우리 세계에서는 이해되기가 힘들다. 또한 그 난쟁이들은 우리 일상과 다른 차원의 소리를 들을 수 있는 귀를 가지고 있다. 바로 그런 귀를 가져야 옥피리 소리를 들을 수 있을 것이다.

불교학도 : 이 돌여자를 사람이 사랑할 수 있을까?

시인 : 세상이 이미 망각한 그 세상의 어떤 근본 진리를 안다면

돌여자도 사랑할 수 있을 것이다. 그리고 사랑을 받으면 돌여
자도 살아 있는 인간으로 변한다.

주어진 인연들을 안아주면
나무 사람이 피리를 불고 돌여자가 춤을 추듯,
마음에 평화가 찾아오고
마침내 인생에 뜻이 생긴다.

향곡 혜림 │ 香谷蕙林, 1912~1978 │ 한국(일제 강점기, 대한민국). 선승(禪僧). 법호는
혜림(蕙林), 속명은 김진탁(金震鐸)이다. 경상북도 영일군 신망면 토성리 출신. 어릴 때
부터 부모를 따라 절에 다니는 것을 좋아했으며, 1927년 둘째 형과 함께 천성산 내원사
에서 출가했다. 1929년 성월(性月)을 은사로 수계하고, 1931년 동래 범어사 금강계단에
서 혜월을 계사로 구족계를 받았다. 그 뒤 정진 끝에 1944년 내원사에서 깨달음을 얻었
다. 이후 동래에 묘관음사를 창건해 선원을 열고, 선암사와 불국사, 동화사, 선학원 조실
을 지내는 등 대한민국 초기 선불교에서 주도적인 역할을 맡았다. 만인에게 하나의 무
주진인(無住眞人), 즉 불성(佛性)이 있음을 강조했고, 부처를 절대자로 생각하지 말라고
당부했다. 전법 제자로 진제(眞際) 등이 있었다.

53

白銀世界金色身
情與非情共一眞
明闇盡時俱不照
日輪午後示全身

...

청정무구 은세계, 부처님 몸에선
생물도 무기물도 다 하나의 진여.
명암이 다할 때 모두 안 비추나니
해가 정오 지나 온몸을 보이노라.

다 하나의 진여

수산 성념(首山省念)

'명암明暗이 다한다'는 말은 여러 차원에서 생각해볼 수 있는데, 그중 하나는 '시비심是非心이 없어진다'는 것이다. 시비심은 사실 말과 생각에 더 이상 의존하지 않을 때 없어진다. '말'이 남아 있는 이상 옳고 그르다는 데 대한 집착이 없을 수 없다.

수산 스님, 당신은 원래 '말'부터 시작했다. 《법화경》을 탐독해 그 아름다운, 무수한 반복의 주술적인 언어 세계 속에서 살았던 것이 당신의 불교 체험의 시작이었다. 그러다가 풍혈 스님이라는 사승師僧을 만나 그게 부처님의 은세계가 아님을 깨달은 것이다. 그렇다고 해도 당신은 풍혈 스님에게 한 말대로 '고요한 계기에 빠지는 일'도 경계했다. '말'도 아니고 '고요함'도 아니면 유일하게 남은 선택은 '안티anti언어적인 언어', 즉 언어의 내재적인 상대성을 바로 보여주는 언어다. 그게 당신의 특기였다. 죽비를 들고 대중을 향해 "너희들, 만일 이것을 죽비라 부르면 '범하는' 것이고, 죽비라 부르지 않으면 '등지는' 것이다. 어디 말해보라. 무엇이라고 불러야 하겠느냐?"라고 윽박지르는 게 당신의 평소 모습이었다. 플러스도 아니고 마이너스도 아니라면 도대체 '그것'이 무엇이었던가? 그 순간 죽비도 당신도 단순히 허깨비에 불과하다는 사실을 깨달아, 역시 고함을 지르며 당신의 뺨을 후려치는 것이 정답이었을 것이다. 사람들을 깨닫게 하고자 죽비를 갖고 이런 법거량(선문답)을 벌이는 것도 어디까지나 '말'이다. 그러나 이제는 끝났다. 이제 더 이상 말을 할 필요도 없고 '죽비 퍼포먼스'를 할 일도 없으니, 해가 정오를 지나 부처님의 온몸을 볼 수 있게 된 것이다. 말과 몸짓을 넘어서……

불교학도 | 그런데 생물 중에는 진여와 아예 무관한 것들도 종종 있다고 보지 않는가?

시인 | 진여, 궁극적 진리는 개체마다 나름대로 다 지닌다. 진리에는 명明도 암暗도 혼자서만 도달할 수 없다. 그중 하나만이 혼자서 이길 수 있다고 믿는다면 오산이다. 하나에만 집착하고, 특히 자신이 명明의 화신이라고 생각하는 등 독선이 아주 강한 사람 같으면, 진여와의 관계를 스스로 끊는 것이다.

불교학도 | 실로 온몸을 보였겠지만, 이를 볼 줄 아는 이가 세상에 과연 몇 명이나 되는가?

| 우리는 암暗만 또는 명明만 보기가 쉽다. 그런데 통상 '악신'으로만 인식되는 '로케'라는 신을 보라. 다른 신들을 곤경에 빠뜨리는가 하면, 곤경에서 구출해주기도 한다. 그러니까 온몸을 보이거나 볼 줄 아는 사람은 너무나 소수다. 다수는 그림자 없는 빛이 없고, 빛을 전제로 하지 않는 그림자가 없다는 사실을 아직도 체득하지 못하고 있다.

명암이 다한다는 것은
시비심是非心이 없어진다는 것이다.
시비심은 말과 생각에 더는 의존하지 않을 때 없어진다.
말이 남아 있는 이상
옳고 그르다는 데 대한 집착이 없을 수 없다.

수산 성념 | 首山省念, 926~993 | 중국(오대五代, 송나라). 임제종 승려. 내주(萊州, 지금의 산둥 성山東省 옌타이 시煙台市) 출신. 속성은 적(狄)씨. 성년이 되어서 출가해 처음에는 《법화경》 독송과 고행(苦行)을 수행 방법으로 삼았지만, 풍혈 연소를 만난 뒤 선(禪) 수행으로 선회했다. 여주(汝州, 지금의 허난 성河南省 핑딩산 시平頂山市)의 수산(首山)에서 기거하다 보안산(寶安山)의 광교원(廣敎院)으로 옮겨 지냈으며, 임제 종풍을 널리 떨쳐 임제종 발전의 초석을 마련했다. 문하로는 분양 선소(汾陽善昭), 섭현 귀성(葉縣歸性)이 있다.

54

畵堂燈已滅
彈指向誰說
去住本尋常
春風掃殘雪

…

화실에서 등불이 이미 꺼지니
손가락을 튕기며 누구에게 말한 것일까.
가고 머무는 것 본래 그대로이니
봄바람은 남은 눈을 쓸고 있네.

봄바람이 남은 눈을 쓸다

왕수 거사(王隨居士)

불교라는 것은 많은 속인, 특히 벼슬하는 유식층에게는 유일하다 싶은 '내면적 자유의 영역'이었다. 외면적으로는 관료 사회가 부여한 역할을 충실히 하면서도 마음속으로는 잔설을 쓸어버리는 춘풍, 즉 관계官界의 경직된 질서에 멍든 심성을 치료해주는 선禪에 늘 얼굴을 내미는 것이었다. 인간이 꺾이지 않고 잡음 많고 갈등 많은 인생을 살자면 이 정도의 '이중주'는 필요한 게 아닌가?

재상 왕수 거사의 외면이란 충효와 성실의 본보기에 가까웠다. 지방관 시절 굶주림에 시달리는 주민을 구제하고 학교를 설립하는 데 열심이었으며, 재상으로서도 늘 바른 말을 하며 부모를 봉양하는 데 힘썼다. 그러면서도 소인배라고 생각되는 사람들에게는 된서리 그 자체였다. 그런데 허무한 이 세상에서 이렇게 올바르게 설 수 있는 '힘'은, 꺼져가는 등불을 조용히 보던 그 내면에서 솟아나온 것이었다. 유교 관료로서 제대로 살 수 있는 용기를 불교가 주었던 것이다. 마음속에 조용한 구석이 없는 사람이라면 이 시끄러운 세상에서 과연 버틸 수 있겠는가? 국가라는 잔인한 기계의 논리대로 움직여야 하는 사람의 경우, 그 내면에 모종의 탈속적脫俗的 요소가 없다면 인간성을 보존하기가 너무나 힘들 것이다.

불교학도 │ 봄바람이 남은 눈은 다 쓸어갈 수 있지만, 눈이 녹아서 나온 물까지 다 쓸겠는가?

시인 │ 세상에서 완벽한 행동의 자유를 누리는 이는 없다. 모든 것을 휩쓸 춘풍을 모두가 맞을 줄 알아야 한다. 잔설이 녹아 물이 되면 홍수가 났을 때의 배처럼 누가 수면 위로 떠오를지 결국 보게 된다. 이럴 때 익사할 것 같아서 겁을 내면 절대 안 된다.

불교학도 │ 그런데 우리가 어떻게 오고 어떻게 가는가에 봄바람은 정말 관계가 없다고 보는지?

시인 │ 다시 한 번 로케의 예를 들겠다. 그가 모든 신에게 시련을 가져다주었더니, 모두 정신이 바짝 들었다. 그러니 '내가 최강'이라고 혼자서 자만하는 신은 없어졌다. 마지막 순간의 봄바람도 결국 우리의 오만을 꺾어 우리를 더 겸손하게 만드는 것이다.

허무한 이 세상에서 올바르게 설 수 있는 힘은
꺼져가는 등불을 조용히 보던 내면에서 솟아나온 것.
마음속에 조용한 구석이 없는 사람이라면
이 시끄러운 세상에서 버틸 수 있겠는가?

왕수 거사 │ 王隨居士, 973~1039 │ 중국(송나라). 관료, 불교 애호가(재가 불자). 하
양(河陽, 지금의 허난 성 멍현孟縣) 출신. 과거에 급제해 항주 등지에서 지방관을 역임한
다음, 송나라 인종(仁宗, 재위 1022~1063) 치하에서 재상 등 최고위직을 지냈다. 어릴
때부터 불교를 흠모했으며, 수산 성념에게서 선(禪)을 본격적으로 배우고, 그 뒤 다른 선
사들과도 교제했다. 《수능엄경(首楞嚴經)》해석에 대한 서문을 써주는 등 불교 계통의
저술도 남겼다. 전형적인 송나라 시대의 '귀족 거사'로 평가된다.

55

須彌南畔
誰會我禪
虛堂來也
不值半錢

…
수미산의 남쪽, 이 세상에서
어느 누가 나의 선을 알리오.
허당 스님이 온다 해도
반 푼어치도 못 되리라.

누가 나의 선을 알리오

일휴 종순(一休宗純)

일휴 종순 스님의 또 다른 임종게도 있다.

"十年花下理芳盟 一段風流無限情 惜別枕頭兒女膝 夜深雲雨 約三生(십 년 동안 꽃 아래 부부 약속 지켰으니 / 한 가닥의 풍류란 무한 한 인정人情이라. / 그대 무릎 베고 이 세상을 하직하니 / 깊은 밤, 사랑 나 누며 삼생의 연을 기약하네.)"

일휴 스님 하면 맨 먼저 떠오르는 단어는 '기행奇行'이다. 정치 적 풍란 속에서 천황의 서자로 태어나 여섯 살 때부터 엄마 품 을 떠나 출가한 그의 기행은 매우 다양했다. 스승이 준 인가증, 즉 스님의 박사 학위라 할 만한 자격증을 불태워 없애버린 일 부터 죽기 전까지 장님인 한 여성과 동거 생활을 하면서 그 여 성의 '풍만한 몸매와 잠든 얼굴, 수선화의 향기에 감싸인 듯한 허리'를 글로 찬미한 일까지, 그를 전설적인 인물로 만들 정도 로 많은 이야기가 있다. 그걸 나쁘게 보면 파계破戒라 하고, 좋 게 보면 원효의 경우처럼 최상의 깨달음이라고 하겠지만, 나는 그도 저도 아니라고 생각한다. 일휴는 파계승도 성인聖人도 아 닌, '정상적인' 선승이었다.

선이란 그 자체는 정신적인 혁명 행위다. 우리의 통념을 모조리 죽이는 것부터가 선의 출발점이다. 일휴 스님도 "사람을 죽이는 칼만이 사람을 살린다"고 하지 않았던가? 사람을 죽이는 게 문제가 아니라, 사람 머릿속에 든 온갖 쓰레기를 치우는 게 문제다. 선의 세계에서 까마귀가 우는 소리를 듣다가 갑자기 깨닫는 이의 눈빛 이상의 자격증은 없다. 필요도 없다. 다르게 이야기하면 대처냐 비구냐 같은 무의미한 이분법이라는 쓰레기 말이다. 일휴 스님은 선 자체였다. 멋지고 정열적으로 살다가 즐겁게 갔다. 이런 측면에서 본다면 선은 해방의 종교다.

불교학도 ┃ 종교가 사랑하는 사람과 세 번 같이 태어나기를 기약하는 자유까지 억제한다면, 그 종교가 정말 필요한가?

시인 ┃ 세 번 다시 태어난다는 것은 갈 길이 좀 먼 얘기다. 그럼에도 아주 강한 사랑의 표현이라 할 수 있으니, 사랑이라는 것도 동시에 종교라고 할 수 있지 않은가?

불교학도 ┃ 인정人情이 없는 선禪이 가능한가? 나에게 선禪이란 인정의 다른, 더 아름다운 이름과 형식으로 보일 뿐이다.

시인 ┃ 목적의식이 뚜렷한 이들은 각종 '성공'으로 향하는 길에 더 이상 장애물이 없는 날을 기다린다. 그들로서는 사랑이라든가 인정 등을 키울 필요가 없다. 그게 바로 장애물이 될 수도 있기 때문이다. 참선을 통해 여러 번뇌 등을 줄일 수 있지만, 남을 향한 정 같은 것은 절대 제거하는 게 아니다. 깨달음이 있다면, 바로 인정이라든가 사랑 속에 있는 것이다.

선이란 그 자체는
정신적인 혁명 행위다.
우리의 통념을 모조리 죽이는 것부터가
선의 출발점이다.

일휴 종순 | 一休宗純, 잇큐 소준, 1394~1481 | 일본(무로마치 시대). 임제종 승려. 시호는 종순(宗純), 호는 광운자(狂雲子)라고도 했다. 서자이며, 아버지는 고코마쓰(後 小松, 재위 1392~1412) 천황이다. 6세 때 임제 오산파의 사찰인 교토 안코쿠지(安國寺) 에 들어갔으나, 선풍의 권위주의와 세속성에 불만을 가져 결국 안코쿠지를 떠난 뒤 겸옹 종위(謙翁宗爲, 겐오 소이) 등에게서 배웠다. 27세 때인 어느 날 밤, 호수 위를 건너는 까 마귀 소리를 듣고 홀연히 크게 깨달았다. 그 당시의 스승인 화수 종담(華叟宗曇, 가소 소 돈)으로부터 인가를 받았지만, 경쟁 등이 있던 사찰에 더 이상 머물지 않고 그냥 떠돌이 생활을 시작했다. 항상 낡은 옷을 걸치고 허리에 큰 목검을 찬 채 피리를 불면서 걸어 다 녔는데, 이는 참된 선승이 적고 목검과 같은 위조품이 세인을 속인다는 경종이었다. 시 문학, 서화 발전에 기여한 것으로 평가되며, 서민선(庶民禪)의 대표자로 손꼽힌다.

56

我有一間舍
父母爲修蓋
住來八十年
近來覺損壞
早擬移別處
事涉有憎愛
待他摧毀時
彼此無妨礙

...

나에게 한 칸 집이 있었는데
부모님이 닦아 이엉을 이었다.
거기서 80년간 살았는데
요즘 이것저것 헌 것이 보이네.
진작 옮겨갈 곳을 찾았는데
이 일이 애증에 얽혀 있었네.
누가 이 집을 아예 헐어주면
피차에 걸림이 없을 것이다.

擬 헤아릴 의 | 摧 꺾을 최

누가 이 집을 헐어주면

중운 지휘(重雲智暉)

산속을 거닐다가 갑자기 전생에 스님이었을 때 쓰던 염주와 승복을 찾았다는 이야기는 지휘 스님에 관한 가장 유명한 전설이다. 마치 산속에서 무경巫鏡을 찾는, 무병巫病을 앓고 있는 무당 신입생 같은 이야기다. 전생이 과연 존재하는지, 산속에서 우연히 찾은 염주와 가사가 정말로 '그때 나의 것'이었는지는 사실 알 수 없는 일이다. 그렇게 생각할 수 있을 뿐이다. 그런데 그렇게 생각하면 '나'에게 따뜻한 안정감이 온다. 그때도 부처님을 염하면서 살았고, 지금도 계속 그렇게 하고, 앞으로도 죽음이라는 강을 건너 계속 그럴 것이라면 두려울 게 별로 없다. 공포가 없다. 평온하다. 그 어떤 '걸림'도 느껴지지 않는다. 그것이 불교가 중생에게 주는 가장 큰 선물일 것이다.

불교학도 | 부모에게서 물려받은 집이 무너지는 걸 보면 먼저 피하듯이 스스로 나가면 안 되는가?

시인 | 너무 일찍이 자기 발로 갈 필요는 없다. 그냥 자연스럽게, 가게 되어 있는 날에 자신이 좋아서 그 집을 떠나듯 기쁘게 가

면 된다. 본인이 자각한 필연과 자유로운 의지가 잘 맞으면 되는 것이다.

불교학도 │ 부모님에게 물려받은 집을 나가는 그 순간, 정말로 애증에 얽혀 있는 일을 그만둘 수 있는가?

시인 │ 사람들은 좋아하고 싫어하는 습성을 고치지 못하는 것을 일반적으로 싫어한다. 영적인 무능력, 영적인 약함에 대한 애석함이라고 하겠다.

그때도 부처님을 염하면서 살았고,
지금도 계속 그렇게 하고,
앞으로도 죽음이라는 강을 건너 계속 그럴 것이라면
두려울 게 별로 없다.
그 어떤 걸림도 느껴지지 않는다.
이것이 불교가 중생에게 주는 가장 큰 선물.

중운 지휘 | 重雲智暉, 873~956 | 중국(당나라 말기, 오대五代). 함진(咸秦, 지금의
산시 성 셴양咸陽) 사람이고, 속성은 고(高)씨다. 약관의 나이로 계단(戒壇)에 올랐다.
914년에 낙양(洛陽)에 와서 온실원(溫室院)을 지은 뒤, 거기서 육체노동을 하며 기거했
다. 여러 곳을 두루 돌아다니는 것을 좋아했고, 시가(詩歌) 따위를 읊는 데 능했으며, 단
청(丹靑)에도 일가를 이루었다. 저서에《오계연경도(五溪烟景圖)》가 있다.

57

滿山霜葉紅 於二月
物物頭頭 大機全彰
生也空兮 死也空
能仁海印三昧中 微笑而逝

...

온 산의 단풍이 2월의 꽃보다 더 붉으니
이 우주의 큰 기틀을 온통 드러내었도다.
삶도 공空하고 죽음 또한 공空하니
부처 해인삼매海印三昧 속으로 미소 지으며 가노라.

逝 갈 서

미소 지으며 가노라

구산 수련(九山秀蓮)

"돌사람은 학을 타고 청산을 지나간다." 부처님의 도를 깨친 당신이 1951년에 이와 같은 게송을 짓고 은사님에게 바쳤다고 하니, 믿을까 말까 싶다. 1951년이면 돌사람과 학보다는 폭격기들이 한반도 청산을 훨씬 더 많이 누비던 때였는데, 당신은 죽음과 절망의 시대에도 이 아수라장을 옆에 두고 계속 용맹정진했다. 아주 열심히. 사실 용맹정진을 시작한 것은 태평양전쟁이 한창이던 일제 말기였는데, 태평양전쟁의 잡음도 해방 직후의 들뜬 분위기도 동족상잔의 비극이라는 끔찍함도 당신을 범접할 수는 없었다. 세상이 전쟁에 광적으로 뛰어들어, 서로 죽이고 각종 망상과 광기에 빠지고 미치고 절망하고 국가를 만들고 허무는 동안에 당신은 자신과 세계를 오로지 조용하게 보고 있었을 뿐이다. 세상에 '자유'라는 게 있다면 그건 '자유대한'의 자유도 아니고 조선민주주의인민공화국이라는 '자유 조국'의 자유도 아닌, 오로지 당신 같은 몇 안 되는 이들의 것이다.

또한 당신은 1960년대 후반부터 미국이고 유럽이고 할 것 없이 세상을 누비고 다니면서 이 자유를 여러 피부색을 가진 사람들과 즐겁게 나누었다. 국책과 무관한 일은 아니었지만, 일차적으로는 당신이 좋아서 했던 것이다. 이 정도의 큰일을 해놓았으니 미소를 지으며 가는 것은 참 쉽고 당연한 일이다. 세상 사람들이 다 이처럼 모든 광기를 멀리하면서 살 수 있다면, 이는 낙토이고 공산주의이며 역사의 종말일 것이다.

불교학도 : 나도 물든 단풍을 볼 때마다 삶도 죽음도 다 공空하다는 걸 실감한다. 왜 하필 빨갛게 물든 나뭇잎이 이런 힘을 갖는가?

시인 : 공空과 자유를 느끼는 것은 내면에서 처음 가능해지고, 그 다음에 '단풍 감상'이라는 형태로 외면화된다. 죽음을 절대시한 다면 죽음도 바로 절대화된다. 영생을 욕망한다면 죽음은 당신으로부터 모든 것을 빼앗아버린다. 그러나 생사가 얼마나 상대적인지 깊이 느끼기만 한다면, 죽음을 앞두고도 겁 없이 단풍을 감상할 수 있을 것이다.

불교학도 : 미소를 지으며 갈 줄 안다면 해인삼매 따위를 들먹일 필요가 있는가?

시인 : 인간은 무사함, 안전을 욕망한다. 그런데 우리는 진정한 안전은 뒷전으로 미룬 채 우리가 '안전'하다고 생각하는 일을

하는 것이다. 미련 없이 가는 것이야말로 진정 안전하고 안락하지만, 우리는 돈이나 종교의 상징 등 사물과 개념에 대한 집착을 '안전'하다고 오인한다. 해인삼매 등에 대한 집착은 결국 어떤 특정 상징 세계로부터 구제를 받으려는 허망한 욕망에서 생기는 것이다.

> 죽음과 절망의 시대에도 계속 용맹정진하고,
> 세상을 누비고 다니면서 즐겁게 자유를 나누었다.
> 이 정도의 큰일을 해놓았으니
> 미소를 지으며 가는 것은 참 쉽고 당연한 일이다.

구산 수련 | 九山秀蓮, 1909~1983 | 한국(구한말, 일제 강점기, 대한민국). 선승(禪僧). 구미권에서 한국 선불교를 포교한 것으로 유명하다. 전라북도 남원읍 출신. 속명은 소봉호. 27세 때 남원읍에서 이발관을 운영했으나 폐병을 얻어 고생하던 중 안각천(安覺天) 거사의 권유에 따라 천수 기도한 뒤 100일 만에 병을 고치자 이에 발심 출가해, 29세에 효봉 스님을 은사로 송광사 삼일암에서 득도했다. 법명은 수련(水蓮), 법호는 구산(九山)이며, 별호는 석사자·미소불 등이다. 태평양전쟁, 해방 이후의 내전, 그리고 한국전쟁 중에도 계속 용맹정진했다. 1947년 정진하다가 큰 깨달음을 이루고, 1951년에 효봉 스님으로부터 인가를 받아 그 법을 이었다. 1950년대 중반의 '정화 불사', 즉 대처승 축출과 관련해 혈서를 쓰는 등 적극적인 방식으로 나섰으며, 그 뒤로는 조계종에서 여러 소임을 맡아 포교에 앞장섰다. 또한 1973년에는 조계총림 불일국제선원의 문을 열어 한국 불교의 '서구인 제자 키우기'를 본격화했다.

58

旅に病んで
夢は枯野を
かけ廻る

...

방랑길에 병이 나니
황량한 들녘 저편을
꿈은 헤매는구나.

꿈은 헤매는구나

송미 파초(松尾芭蕉)

세상을 피하는 외로운 시인, 아무리 참선을 해도 잡념을 잠재우지 못하는 고민하는 인간 파초……. 그래도 나는 그를 불자라고 본다. 예를 들어 다음의 시를 보자.

秋深き 隣は何を する人ぞ
깊은 가을,
내 이웃은
뭘 하는 사람인가?

죽기 며칠 전에 쓴 것인데, 그는 영원한 고요함을 앞두고는 이웃을 궁금해하고, 이웃을 만나려고 한다. 그는 외롭게 살고 외로움을 노래했지만, 그 외로움 속에 '타자와의 만남'에 대한 열망이 담겨 있는 것 같다. 바로 이것이야말로 나와 나머지 중생들과의 관계를 성립시키기 위한 본격적인 마음가짐 아닌가?

그가 마지막 시에서도 '황량한 들녘'을 헤매는 꿈을 언급한 것이 우연은 아닌 것 같다. 깊은 가을에 들은 말라도 그 땅속에

생명력은 있다. 그는 죽으면서도 마른 들에서 언젠가 틀 싹을 축복한 것이 아닌가? 어쨌든 세상에 대한 고민과 사랑을 다 안고 떠난 셈이다.

불교학도 | 그는 그 황량한 들에서 과연 무엇을 꿈꾸었을까?

시인 | 아마도 황무지로 보이는 그 마른 들을 경작하고 싶었을 것이다. 경작해서 황무지를 논밭으로 만드는 일은 결국 혼돈에서 질서를 찾아내는 것과 같은 격이다. 그건 바로 인간의 삶 전체다. 혼돈에서 질서를 만들어내고, 그 질서 속에서 내가 발붙일 수 있는 곳을 찾고……. 우리가 경작해야 할 황무지, 질서를 잡아야 할 혼돈은 실로 무한하다. 우리 인생과 비교하지 못할 만큼 넓고 크다.

불교학도 | 그는 진정 끝없는 방랑에 지쳐서 병이 난 것인가?

시인 | 바로 그게 문제였을 것이다. 50세밖에 안 된 그가 시 창작에서 남들이 따를 수 없는 경지에 이르자, 결국 외로워지고 말았다. 이것은 거장巨匠의 피할 수 없는 비극이다.

세상을 피하는 외로운 시인,
참선을 해도 잡념을 잠재우지 못하는
고민하는 인간 파초……,
외로움 속에
타자와의 만남에 대한 열망을 담고 있는!

송미 파초 | 松尾芭蕉, 마츠오 바쇼, 1644~1694 | 일본(도쿠가와 시대). 가인(歌人),
재가 불자. 본명은 마츠오 후네무사(松尾宗房). 지금의 미에 현(三重縣) 우에노 시(上野
市) 출신. 하급 사족(士族) 가정에서 태어났지만, 일찍이 벼슬살이를 포기했다. 어려서
부터 하이가이(俳諧)를 공부하고 젊어서 교토를 비롯해 여러 곳을 방랑하다, 1672년 에
도(江戶, 지금의 도쿄)에 와서 처음으로 가집(歌集)을 출판했다. 1672년에는 에도에서
파초암(芭蕉庵)을 짓고 살며 매우 독자적인 하이쿠(俳句)를 써서 발표하기 시작했다. 자
연 묘사에서는 두보(杜甫)의 영향을 많이 받은 것으로 보인다. 제자들과 함께 전국 방방
곡곡을 유람하면서 시를 지었으며, 특히 북방 지방의 여행을 묘사한 기행문《오쿠 지방
으로 가는 좁은 길(おくのほそ道)》(1705년 출간)이 잘 알려져 있다.

59

自耕自作閑田地
幾度賣來買去新
無限靈苗種熟脫
法堂上見揷鋤人

...

묵었던 밭을 갈아 자급자족을 기한다.
이 밭을 몇 번이나 새로이 사고 팔았는가?
무한히 신비스런 새싹이 이미 돋아나니
법당에 올라 호미를 짊어진 사람을 본다.

揷 꽂을 삽 | 鋤 호미 서

호미를 짊어진 사람

형산 소근(瑩山紹瑾)

민중을 위한 불교인 일본 조동종을 실질적으로 건설한 형산 스님이 입적을 앞두고 제자들을 모아 이 글을 남겼다. 마지막 인사인 셈이고, 제자들에게 사승師僧의 마음을 설명해준 글이다. 형산 스님에게 그 몸이란 여러 환생을 통해 수차례 '매매 거래' 되어온, 그동안 착한 근기根機의 생명력이 성숙된 '밭'이었고, 그 '밭'에서 자라는 '신비스러운 싹'은 사랑하는 제자들이었다. 이미 깨달음이라는 호미에 의해 거두어질 만큼 성숙될 대로 성숙된 제자들……. 스승은 그들을 보면서 마음 놓고 편하게 죽을 수 있었으니, 보통 기쁜 일은 아니었을 것이다.

인생의 농사를 이처럼 훌륭하게 마치고 편안한 마음으로 가는 이가 세상에 과연 얼마나 될까? 사실 생각해보면 인생의 의미란 다른 게 없을 것이다. 몇 사람의 마음을 중생 제도로 돌려 착한 씨를 뿌려서 무르익게 하기만 한다면, 그 인생에는 이미 충분한 의미가 담긴다. 죽을 때 정말로 남겨야 하는 것은 재산도 아니고 명예도 아니고 장황한 저서도 아니다. '나'의 마음을 이해하고 '부처'의 마음을 전해 받고 '타자'를 생각할 줄 아는 몇

명의 자각된 이가 있는 줄 알면서 떠나기만 해도 족하다. 그런
데 탐욕, 명예욕, 권력욕 등 우리는 왜 이토록 공연한 욕심을 부
리면서 사는가?

불교학도 : 과연 그는 그 '밭'을 마지막으로 얼마에 샀을까?

시인 : 그가 이야기하는 '매매 거래'는 무한하지만, 이번의 '밭', 이
번의 삶은 유한하다. 무한, 영생 속에 녹아 있는 어떤 이상을 유
한한 생애 안에서 실천하자면 목적부터 정확하게 잘 세워야 하
고, 의지력 또한 강해야 한다. 좀 피곤한 일이다. 그것이 우리가
치러야 할 '값'이 아닌가?

불교학도 : 그는 호미를 짊어진 사람에게 인사를 제대로 했는가?

시인 : 시를 남기고 간 것으로 봐서 그는 호미를 짊어진 사람을
겁 없이 만났다. 임종게는 바로 그 사람에게 하는 인사이기도
했다. 호미를 짊어진 사람에게 인사한 것으로 보아, 그는 깨칠
것은 깨치고 간 셈이다.

죽을 때 정말로 남겨야 하는 것은
재산도 아니고 명예도 아니고 장황한 저서도 아니다.
'나'의 마음을 이해하고
'부처'의 마음을 전해 받고 '타자'를 생각할 줄 아는
몇 명의 자각된 이가 있음을 알고 떠나면 족하다.

형산 소근 | 瑩山紹瑾, 조긴 게이잔, 1264~1325 | 일본(가마쿠라 시대). 조동종의
고승. 시호(諡號)는 불자(佛慈) 선사, 홍덕 원명(弘德圓明) 국사, 상제(常濟) 대사. 흔히
형산(瑩山) 선사로 불린다. 에치젠노쿠니(越前國) 귀족 가문 출신이며, 어머니는 조동종
신도이면서 관음 신앙을 열성으로 믿었다. 어머니의 영향으로 일찍부터 신앙심을 가져
8세 때 도겐이 세운 그 지방의 조동종 사찰인 에이헤이지(永平寺)에 사미승으로 들어갔
으며, 13세에 정식으로 출가, 득도했다. 나중에는 에이헤이지를 떠나, 고다이고 천황의
후원으로 차후 조동종의 본산이 될 소지지(總持寺, 현재 요코하마에 위치)를 개산했다.
여성 출가를 적극적 긍정했으며, 선(禪) 수행과 각종 기도 등 서민에게 호소력이 높았던
기복 불교적인 요소들을 겸비했다. 일본 조동종을 세운 조사 가운데 한 명으로 평가된다.

60

參禪學道莫忙忙
問透法身北斗藏
余今老倒尫羸甚
見人無力得商量
唯有鋤頭知我道
種松時復上金剛

...

선을 배우는 학도들이여, 급하게 살지 마라.
법신法身을 뚫고 북두칠성에 간직함을 묻는다.
내가 지금 늙어 몹시 약하고 파리하니
사람을 봐도 헤아릴 만한 힘은 없으리라.
오직 호미만이 나의 도를 알 뿐이다.
소나무를 심을 때 다시 금강에 오르리라.

尫 약할 왕 | 羸 여윌 리

소나무를 심을 때

동산 효총(洞山曉聰)

행복이란 무엇인가? 동산 효총 스님, 당신의 하루하루 삶을 보면 행복이 보인다. 늘 한 벌의 옷만 걸쳐 입어 외모에 신경 쓰지 않았고, 사부대중과 같이 있을 때는 무발無髮을 해서 승려라는 표시를 내지 않았으며, 사찰 주지가 되어서도 항상 대중과 같은 울력(집단 노동)을 했다. 한 톨의 밥, 한 모금의 물, 한순간에 들이마시는 공기, 그리고 남과 주고받은 말 한마디, 당신은 이 모든 것을 그대로 즐겼다. 천천히, 급하지 않게. 당신은 언젠가 달마대사가 서쪽에 온 뜻을 "지붕이 무너지면 다시 이고, 황제에게 세곡稅穀을 다 바치고 나면 노래나 소리 높여 부르게"라고 설명하지 않았던가?

이것이다. 일상에 대한 공연한 욕망만 걸러내면 그 일상 하나하나를 바로 열반의 맛으로 살 수 있다. 지붕 잇는 일을 기쁨으로 보면 기쁜 일이 되고, 부담으로 보면 부담이 되는 법! 결국 문제는 '나'다. '나'는 '타자'를 뜻하기도 한다. '나'와 '너', 그리고 '그'는 하나다. '나'부터 세상을 기쁘고 반가운 눈으로 본다면 세상도 기쁨으로 가득 차고, 바로 여기가 서방정토西方淨土라고 느껴질 것이다. 이것이야말로 '불교'를 이야기하는 유일한 의미다. 사찰과 의례 따위 모두 그리 중요하지 않다. 지금, 여기서, '나' 안에서 부처의 마음을 느끼고, 그 마음으로 타자들을 대하면 된다.

불교학도 | 그는 호미만이 그의 도를 안다고 한다. 과연 그는 자신의 호미를 제대로 아는가?

시인 | 호미란 인간의 목적의식, 어떤 기계적 이성을 말하는 것이다. 그런 차원의 솜씨와 지혜가 없으면, 우리는 도道에 현실적으로 가까이 가기가 어렵다. 우리가 일단 현실 속에서 살기 때문이다. 그러나 호미가 없어도, 도道는 엄연히 있다. 뭔가를 세상에 되돌려주고 싶은 마음이야말로 도道다. '호미'를 잘 몰라도 도심道心은 충분히 느낄 수 있다.

불교학도 | 그는 이제 사람을 헤아리지 못한다고 하는데, 처음부터 헤아릴 필요가 있었을까? 알음알이를 가지고 장난을 치는 건 아닌가?

시인 | 사람을 헤아리고 사물을 헤아리는 건 이 세상에서는 불가피한 일이다. 주체와 대상이 분리되어 있고, 주체가 대상을 인

식해야 하기 때문이다. 한데 우리는 인과응보의 논리 속에서 모든 대상물의 자율적 주체성을 인식해야 한다. 사물은 우리를 위해서 존재하는 것이 아니고, 그 나름의 인과관계 속에서 존재한다. 나아가 언젠가는 주체와 대상으로 분리된 사물 인식의 한계를 실감하게 된다. 그때 가서야 더 이상 사람을 헤아릴 필요성을 못 느끼는 것이다. 그때야말로 우리가 심은 소나무 숲에 드디어 봄이 온다.

> 한 톨의 밥, 한 모금의 물, 한순간에 들이마시는 공기,
> 그리고 남과 주고받은 말 한마디,
> 이 모든 것을 그대로 즐긴다.
> 천천히, 급하지 않게.

동산 효총 | 洞山曉聰, ?~1030 | 중국(송나라). 운문종 승려. 광동성 소주(韶州) 곡강현(曲江縣, 지금의 산시 성陝西省 시안 시西安市) 출신. 속성은 두(杜)씨, 효총(曉聰)은 법명이다. 어린 시절에 출가했으며, 문수 응진(文殊應眞) 스님의 법을 이었다. 이후 강서성 균주(筠州) 동산(洞山)에 머물렀으며, 상당법어와 선문답에서 상징성이 높은 언어를 통해 내면적 자유의 경지를 보여주었다.

후기

임종게를 고향으로 돌려보내며

2006년에 오슬로에서 노르웨이어로 펴낸 임종게 모음집 (《Diamantfjellene》)이 서울에서 다시 출간된다는 것은, 나의 책이 외국어로 번역되는 것보다 더 기쁜 일이다. 우리가 사는 북방에서의 체험을 바탕으로 선별해서 시역詩譯하고 주석한 뒤에 낭송했던 임종게들이 드디어 집으로 돌아가는 듯한 느낌이다.

나는 오래전부터 제3세계의 시를 노르웨이어로 번역하고 낭송하는 작업을 해왔다. 2002년에 한국의 사물놀이패가 노르웨이에서 공연했을 때 본 공연에 앞서 한국의 시를 노르웨이어 시역으로 낭송했고, 한국과 인연을 맺었다. 그 뒤 2005년에 대산문화재단이 주최한 세계문학 담론의 장인 서울국제문학포럼을 기회로 방한한 적이 있었는데, 그때 한국에서 느낀 따뜻함이 나와 한국의 인연을 더욱 두텁게 해주었다. 지금 박노자 선생과 함께 임종게 출판 작업을 하는 것도 바로 그러한 인연의 연장선에 있다고 느껴진다.

다른 민족, 인간 들의 집단 또는 문화에 대해서 동감同感한다는 것은 뭔가를 공유하기 때문일 수도 있지만, 반대로 오히려 타자와 너무나 달라서 그 매력에 빠지는 것일 수도 있다. 타자에게는 우리에게 없는 뭔가가 있어서, 우리가 해소하지 못하는 갈증을 그걸로 채울 수 있기 때문이다. 우리가 동아시아에 매력을 느끼는 부분은 바로 후자의 경우일 것이다. 동아시아에서는 일찌감치 우리에게 부족했던 인간과 그 마음에 대한 통찰이 있다.

나의 개인적인 꿈은 금강산에 가서 시를 낭송하는 것이다. 여러 임종게에서 언급되는 극락과 동의어인 그 신비의 금강산이기도 하고, 남북한의 경계선에서 멀지 않은 거리에 있는 실제 금강산이기도 하다. 남북한 사람들과 함께, 모든 세계인과 함께 금강산에서 시 낭송회를 갖는 것이 내 인생의 꿈이다. 어떤 정치적 의제도 없이, 어떤 인위적인 '평화사업' 이야기도 없이 말이다. 그냥 시를 읽어라! 시야말로 인간들을, 여러 세계를 엮어주는 진정한 매개체다!

에를링 키텔센

모든 것을 사랑하며 간다

한중일 승려들의 임종게

1판 1쇄 2013년 6월 25일

글쓴이 | 박노자, 에를링 키텔센

편집 | 천현주, 박진경
마케팅 | 김연일, 이혜지, 노효선
디자인 | 석운디자인
조판 | 글빛

펴낸곳 | (주)도서출판 **책과함께**
　　　　주소 (121-896) 서울시 마포구 서교동 444-17 덕화빌딩 5층
　　　　전화 (02) 335-1982~3
　　　　팩스 (02) 335-1316
　　　　전자우편 prpub@hanmail.net
　　　　블로그 blog.naver.com/prpub
　　　　등록 2003년 4월 3일 제25100-2003-392호

ISBN 978-89-97735-24-2　(03220)

이 도서의 국립중앙도서관 출판시도서목록(CIP)은
서지정보유통지원시스템 홈페이지(http://seoji.nl.go.kr)와
국가자료공동목록시스템(http://www.nl.go.kr/kolisnet)에서 이용하실 수 있습니다.
(CIP제어번호 : CIP2013008817)